Fern Green

GRÜNE PROTEINE

Die besten Eiweißlieferanten

Fern Green

GRÜNE PROTEINE

Die besten Eiweißlieferanten

Fotos von Deirdre Rooney

INHALT

Hauptgerichte 82

Desserts 132

EINLEITUNG

Proteine (Eiweiße) sind für uns so lebenswichtig wie Kohlenhydrate und Fette. Wir können unserem Körper Proteine durch den Verzehr von Fleisch zuführen – oder durch Pflanzen, denn auch sie enthalten wertvolle Proteine. Ob Sie sich vegetarisch oder vegan ernähren oder Ihren Fleischkonsum reduzieren möchten, dieses Buch zeigt Ihnen, wie Sie Ihren täglichen Speiseplan ganz einfach mit pflanzlichen Proteinen bereichern.

Was sind Proteine?

Proteine sind aus 22 Aminosäuren aufgebaut und werden zur Herstellung von Enzymen, Hormonen, Antikörpern und neuem Gewebe benötigt. Sie spielen also für die Gesundheit von Muskeln, Sehnen, Knorpel, Haut, Haaren und Fingernägeln eine wichtige Rolle. Man unterscheidet zwischen »essenziellen« Aminosäuren, die dem Körper über die Nahrung zugeführt werden müssen, und »nicht-essenziellen« Aminosäuren, die er selbst aufbauen kann. Fast alle unverarbeiteten oder nicht raffinierten Lebensmittel enthalten Proteine, doch mit einem jeweils anderen Aminosäuremuster. Deshalb ist eine abwechslungsreiche Ernährung sehr wichtig.

Proteinarten

Proteine tierischen Ursprungs
Tierische Proteine (Eier, Fleisch, Fisch, Milchprodukte) enthalten alle essenziellen Aminosäuren, die der menschliche Körper benötigt.

Pflanzliche (grüne) Proteine
Auch pflanzliche Proteine enthalten zahlreiche Aminosäuren, aber kein Produkt enthält alle auf einmal. Zu den pflanzlichen Proteinquellen zählen beispielsweise Getreide, frische und getrocknete Hülsenfrüchte, Samen, Nüsse, Ölsaaten und Sojaprodukte. Um den Körper mit allen essenziellen Aminosäuren zu versorgen, müssen möglichst viele verschiedene pflanzliche Proteine kombiniert werden.

Warum grüne Proteine?

Produkte tierischen Ursprungs liefern hochwertige Proteine, aber leider häufig auch viele gesättigte Fette und Cholesterin. Hinzu kommt, dass oft noch zusätzliche Fette wie Butter verwendet werden, um den Geschmack von Fleisch & Co. zu verfeinern. Proteine pflanzlichen Ursprungs dagegen sind fettarm, aber reich an Ballaststoffen. Sie enthalten zahlreiche Mineralstoffe, Vitamine und andere gesundheitsfördernde Stoffe. Damit stärken sie das Immunsystem, können Krankheiten vorbeugen – vor allem Krebs – und regulieren den Cholesterin- und Blutzuckerspiegel. Die köstlichen Rezepte auf den folgenden Seiten zeigen es: Der bunte Genuss von Pflanzenprodukten versorgt uns in ausreichendem Maß mit Proteinen und trägt zu einer ausgewogenen Ernährung bei.

Mungobohnen

Borlotti-Bohnen

Linsen

weiße und
rote Bohnen

Kichererbsen

Azukibohnen

Spalterbsen

DIE BESTEN GRÜNEN PROTEINE

Linsen
6 g Proteine pro 100 g

Linsen vor dem Verzehr 10–40 Minuten in kochendem Wasser garen.
Gesundheitswert: Reich an Magnesium und Ballaststoffen, regen die Verdauung an.

Kichererbsen
8,86 g Proteine pro 100 g

Sie sind getrocknet, gegart (in der Dose) oder als Mehl erhältlich. Getrocknete Kichererbsen 12 Stunden einweichen, dann 30–40 Minuten in kochendem Wasser garen.
Gesundheitswert: Ballaststoffreich, senken den Cholesterinspiegel und beugen Herzerkrankungen vor.

Spalterbsen
25 g Proteine pro 100 g

Vor dem Verzehr 20–60 Minuten in kochendem Wasser garen.
Gesundheitswert: Regulieren den Blutzuckerspiegel und sind sehr ballaststoffreich.

Mungobohnen
23,86 g Proteine pro 100 g

Diese Bohnen stammen ursprünglich aus Indien. Vor dem Verzehr einweichen, dann 45 Minuten in kochendem Wasser garen.
Gesundheitswert: Ballaststoffreich, senken den Cholesterinspiegel und helfen so bei der Gewichtsreduktion.

Borlotti-Bohnen
23 g Proteine pro 100 g

Vor dem Verzehr 12 Stunden einweichen, dann 1 Stunde garen.
Gesundheitswert: Stabilisieren den Blutzuckerspiegel und enthalten viel Vitamin B, Eisen, Kalium und Zink.

Weiße und rote Bohnen
22,3 und 24 g Proteine pro 100 g

Die Kerne enthalten Proteine, Ballaststoffe und Stärke. Sie werden im Handel getrocknet wie auch gegart (in der Dose) angeboten.
Gesundheitswert: Stabilisieren den Blutzuckerspiegel, sind reich an Antioxidantien und schützen die Haut.

Azukibohnen
7,3 g Proteine pro 100 g

Vor dem Verzehr 2–12 Stunden einweichen, dann 1 Stunde garen.
Gesundheitswert: Regulieren den Cholesterinspiegel und senken das Brustkrebsrisiko, verdauungsfördernd.

Dicke Bohnen
7,9 g Proteine pro 100 g

Ob frisch oder getrocknet, ohne die ledrige Haut sind diese Bohnen leichter verdaulich. Die Kerne 12 Stunden einweichen, dann 40–60 Minuten in kochendem Wasser garen.
Gesundheitswert: Hoher Gehalt an Eisen und Folsäure (Vitamin B9), dabei fettarm und ballaststoffreich.

Quinoa

Nüsse und
Ölsaaten

Tofu

Sojamilch

Tempeh

Edamame
(frische Sojabohnen)

Quinoa
8 g Proteine pro 100 g

Die meisten Speisegetreide enthalten kleine Mengen von Proteinen. Quinoa, die Samen eines in Südamerika heimischen Fuchsschwanzgewächses, enthält alle neun Aminosäuren, die für Wachstum und Regeneration benötigt werden. Grundrezept: 300 g Quinoa in einem Topf ohne Fett einige Minuten rösten. Dann 675 ml Flüssigkeit zugießen und 15 Minuten garen, bis die Körner ausgequollen sind und aufplatzen. **Gesundheitswert:** Reich an Ballaststoffen und Eisen. Enthält Lysin, das besonders für das Wachstum und die Regeneration von Körpergewebe gebraucht wird.

Nüsse und Ölsaaten
20–30 g Proteine pro 100 g

Sie sind kleine Nährstoffbomben. Denn neben Proteinen enthalten sie auch noch wertvolle Nährstoffe wie Folsäure, Ballaststoffe und Mineralstoffe wie Magnesium und Selen. **Gesundheitswert:** Reich an herzgesunden Fetten, spenden Energie und enthalten wertvolle Mineralstoffe.

Sojamilch
2,86 g Proteine pro 100 g

Bei der Herstellung werden Sojabohnen eingeweicht und anschließend mit Wasser zerstoßen. Sojamilch ist ein beliebter Ersatz für Kuhmilch. Sie enthält ebenso viele Proteine, aber nur wenige gesättigte Fette und kein Cholesterin. **Gesundheitswert:** Senkt den Cholesterinspiegel.

Tofu
8 g Proteine pro 100 g

Je nach Zusammensetzung ist Tofu schnittfest oder cremig im Handel erhältlich. In der Küche wird er gerne kräftig gesalzen oder gewürzt und danach knusprig gebraten oder frittiert. **Gesundheitswert:** Senkt den Cholesterinspiegel.

Tempeh
18 g Proteine pro 100 g

Der beliebte Fleischersatz wird vor der Zubereitung eingeweicht. Mariniert, gebraten oder frittiert lässt er sich dann für Salate, Sandwichs und Ragouts verwenden. **Gesundheitswert:** Senkt den Cholesterinspiegel.

Edamame
10,88 g Proteine pro 100 g

Wie alle Bohnen sind auch frische Sojabohnen reich an Kohlenhydraten. Sie enthalten außerdem Magnesium, Ballaststoffe und Folsäure. Edamame einfach pur mit etwas Salz genießen oder für Salate und Reisgerichte verwenden. **Gesundheitswert:** Ballaststoffreich, regen das Immunsystem an. Enthalten viel Mangan, das für stabile Knochen sorgt.

Keimsprossen ziehen

2 Handvoll Samen, Körner oder
Bohnen in eine flache Schüssel
geben. Mit Wasser bedecken und
nach Tabelle (s. S. 13) einige Stunden
oder über Nacht quellen lassen.

Danach gründlich abspülen und in
eine saubere Schüssel füllen. Mit
angefeuchtetem Küchenpapier
abdecken und täglich durchspülen,
bis sie zu keimen beginnen. Das
dauert etwa 2–4 Tage.

Wenn die Keime etwa 2,5 cm lang
sind, können sie als Zutat für Salate
verwendet werden. Die Keimsprossen
sofort verwenden oder im Kühlschrank
aufbewahren.

PROTEINE AUS KEIMSPROSSEN

Der Nährwert von Samen und Hülsenfrüchten lässt sich durch Keimung noch steigern. So kann ihr Enzymgehalt in gekeimtem Zustand auf das Hundertfache ansteigen. Zudem enthalten Keimlinge wertvolle Vitamine und Mineralstoffe. Zu den keimfähigen Samen, Körnern und Hülsenfrüchten gehören Alfalfa (Luzerne), Azukibohnen, Mungobohnen, Quinoa, Sonnenblumenkerne und viele andere. Nüsse dagegen eignen sich nicht zum Keimen.

Die Tabelle gibt einen Überblick über die Einweich- und Keimzeiten.

LEBENSMITTEL	EINWEICHDAUER (IN STUNDEN)	KEIMDAUER (IN TAGEN)
Azukibohnen	10	4
Buchweizen	6	2–3
Gerste	6	2
Hirse	5	12 Stunden
Khorasan-Weizen (Kamut®)	7	2–3
Kichererbsen	8	2–3
Kürbiskerne	8	3
Linsen	7	2–3
Mandeln (naturbelassen)	10	3
Mungobohnen	8–12	4
Quinoa	4	2–3
Radieschensamen	8–12	3–4
schwarze Bohnen	10	3
Sesam	8	2–3
Sonnenblumenkerne	8	12–24 Stunden
Weizen	7	3–4
Wildreis	9	3–5

EIGENE REZEPTE ZUSAMMENSTELLEN

Mit folgender Tabelle können Sie schnell Ihr ganz persönliches Lieblings-
gericht zusammenstellen: Dafür wählen Sie zuerst die pflanzliche Proteinquelle
und die Art der Mahlzeit aus. Dazu kombinieren Sie ein Gemüse und würzen je
nach Wunsch mal asiatisch, mal mediterran oder auch mal orientalisch. Zuletzt
geben Sie noch ein oder zwei frisch gehackte Kräuter dazu und runden Ihr
Rezept mit einer knackigen Zutat ab.

1. DIE PROTEINQUELLE AUSWÄHLEN			2. DIE ART DES GERICHTS WÄHLEN	3. MIT GEMÜSE KOMBINIEREN
Getreide	**Hülsen-früchte**	**Sojaprodukte**		
brauner Reis	Azukibohnen	Edamame	Vorspeise	Artischocke
Bulgur	Borlotti-Bohnen	Sojamilch	Sandwich	Aubergine
Dinkel	Bohnen	Tempeh	Snack	Avocado
Gerste	Dicke Bohnen	Tofu	Suppe	Blattsalat
Quinoa	Kichererbsen		Salat	Blumenkohl
Weizengrieß	Linsen		warmes Gericht	Brokkoli
(Vollkorn)	Mungobohnen		Gericht mit Sauce	Champignons
	rote Bohnen			Erbsen
	Spalterbsen			Fenchel
	weiße Bohnen			Grünkohl
				Gurke
				Kartoffeln
				Knollensellerie
				Kohl
				Mais
				Mangold
				Möhren
				Paprika
				Pastinaken
				Rote Beten
				Spargel
				Spinat
				Stangensellerie
				Süßkartoffeln
				Tomaten
				Zucchini
				Zuckerschoten

4. Gewürze, eine Sauce oder andere Geschmackszutaten dazugeben		5. Frische Kräuter wählen	6. Knackiges für den Biss
Salzig-würzig	**Süß-säuerlich**	**Kräuter**	**Nüsse, Körner und Sprossen**
Asiatisch	**Asiatisch**	**Asiatisch**	**Asiatisch**
grüne oder rote	Mirin	Koriander	Cashewkerne
Chilischoten	Reisessig	Minze	Chiasamen
Kimchi		Petersilie	Erdnüsse
Miso	**Mediterran**	Thai-Basilikum	Kokosnüsse
rosa oder schwarze	Balsamico-Essig		Para-, Pekannüsse
Pfefferkörner	Honig, Ahornsirup	**Mediterran**	Sesam
Seetang	Rosinen	Basilikum	Sonnenblumen-
Soja	Zitrone	Dill	kerne
		Majoran	
Mediterran	**Orientalisch**	Minze	**Mediterran**
Feta	Datteln	Oregano	Hanfsamen
Kapern	Granatapfelsirup	Petersilie	Hasel-, Walnüsse
Knoblauch	Honig, Ahornsirup	Rosmarin	Kürbiskerne
Oliven	Joghurt	Schnittlauch	Leinsamen
Parmesan		Thymian	Mandeln
Sardellenfilets			Pinienkerne
		Orientalisch	Pistazien
Orientalisch		Dill	
eingelegte Zitronen		Minze	**Orientalisch**
Harissa		Petersilie	Hasel-, Walnüsse
Oliven			Mandeln
Tahin			Sesam
			Keimsprossen
			Linsen, Bohnen
			Quinoa

SNACKS
UND VORSPEISEN

Von Falafel und Bruschetta
bis Pizza, Wraps und Pfannkuchen:
Alle Gerichte in diesem Kapitel lassen sich
prima mitnehmen, schmecken aber
auch zu Hause mit Freunden.

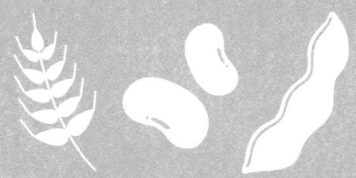

Grüner Hummus • Veggie-Steaks • Bombay-Dip
Bruschette mit grünem Kaviar • Japanische Kroketten
Gebackene Edamame • Salatschiffchen mit Tempeh
Falafel • Blinis • Borlotti-Brote • Burritos
Frühlingsrollen • Tofu-Tortillas • Grüne Pizza

GRÜNER HUMMUS

Für 4 Personen – Zubereitung: 1 ½ Stunden, plus Einweichen über Nacht

ZUTATEN

250 g getrocknete Kichererbsen (oder 800 g Kichererbsen aus der Dose)
1 TL Natron • 1 kleine Kartoffel, geschält und geviertelt
5 Handvoll junger Blattspinat • 1 kleine rote Zwiebel
1 TL Koriandersamen, geröstet und gemahlen
abgeriebene Schale und Saft von 1 Bio-Zitrone • Salz und Pfeffer
180 ml natives Olivenöl extra • 60 ml Raps- oder Erdnussöl
1 Frühlingszwiebel, in dünne Ringe geschnitten

Die getrockneten Kichererbsen mit dem Natron über Nacht in reichlich Wasser einweichen. Danach abgießen, mit frischem Wasser bedecken und 1 Stunde köcheln lassen. Die Kartoffel zugeben und 10 Minuten weitergaren, dann abgießen. Kichererbsen, Kartoffel, Spinat, Zwiebel, Koriander, Zitronenschale und die Hälfte des Zitronensafts im Mixer cremig pürieren. 1 TL Salz und beide Öle zugeben und nochmals mixen. Den Hummus mit Salz und Pfeffer abschmecken und nach Belieben mit dem restlichen Zitronensaft verdünnen. Mit Frühlingszwiebeln bestreut servieren.

VEGGIE-STEAKS

Für 4 Personen – Zubereitung: 40 Minuten, plus 1 Stunde Kühlen

ZUTATEN

2 Handvoll junger Blattspinat • 2 EL Olivenöl
1 Knoblauchzehe, fein gehackt • 200 g Quinoa, gegart
1 Ei (Größe L) • 60 g Parmesan, gerieben • 1 TL Paprikapulver
½ TL gemahlener Kreuzkümmel • ½ TL Kreuzkümmelsamen
Saft von 1 Zitrone • Salz und Pfeffer

―――――――

ZITRONENJOGHURT: 100 g Joghurt • 1 EL Zitronensaft
1 TL Schnittlauchröllchen • 2 TL gehackte Petersilie • Salz und Pfeffer

Den Spinat in einem Topf in 1 EL heißem Olivenöl garen, bis er zusammenfällt. Knoblauch, Quinoa, Ei, Parmesan, Gewürze und Zitronensaft untermischen. Die Spinatmasse mit Salz und Pfeffer würzen, gut durchrühren und 1 Stunde kühl stellen. Aus der Spinatmasse vier Bratlinge formen. Diese im restlichen Olivenöl von jeder Seite 4 Minuten braten. Inzwischen alle Zutaten für den Zitronenjoghurt verrühren. Die Sauce mit Salz und Pfeffer abschmecken und zu den Veggie-Steaks servieren.

BOMBAY-DIP

Für 4 Personen – Zubereitung: 80 Minuten, plus Einweichen über Nacht

ZUTATEN

300 g getrocknete Dicke Bohnen
1 rote Zwiebel, in dünne Ringe geschnitten • 2 Knoblauchzehen, gehackt
½ TL gemahlener Kreuzkümmel • ½ TL gemahlener Koriander
1 Msp. Cayennepfeffer • 130 ml natives Olivenöl extra
120 ml Zitronensaft • 40 ml Erdnussöl
2 mittelgroße Tomaten, entkernt und grob gewürfelt
3 Frühlingszwiebeln, in dünne Ringe geschnitten • Salz und Pfeffer
1 EL gehackte Minze • 1 EL gehacktes Koriandergrün

―――――――――

KNUSPERZWIEBELN: 1 TL gelbe Senfkörner
1 rote Zwiebel, in dünne Ringe geschnitten

PROTEINE 6,5 g PRO PORTION

Die Bohnen über Nacht in Wasser einweichen. Danach in ein Sieb abgießen, abspülen und die Kerne aus den Häutchen drücken. Die Bohnenkerne mit Wasser bedecken, aufkochen und 30 Minuten köcheln lassen. Abgießen und beiseitestellen. Rote Zwiebel, Knoblauch und Gewürze in 2 EL Olivenöl 2 Minuten anbraten. Die Bohnen zugeben und zerdrücken. Zitronensaft, 40 ml Olivenöl, Erdnussöl, Tomaten und Frühlingszwiebeln einrühren und 2 Minuten erwärmen. Salzen, pfeffern und die Kräuter hinzufügen. Für die Knusperzwiebeln Senfkörner und Zwiebelringe in vier Portionen im restlichen Olivenöl knusprig braten. Auf Küchenpapier abtropfen lassen und zum Servieren auf dem Dip anrichten.

BRUSCHETTE MIT GRÜNEM KAVIAR

Für 2 Personen – Zubereitung: 25 Minuten

ZUTATEN

100 g Puy-Linsen, gegart • 1 Handvoll junger Blattspinat oder Rucola,
zerpflückt • 1 Handvoll Basilikum, zerpflückt
1 EL gehackte glatte Petersilie • 1 Knoblauchzehe, zerdrückt
Saft von 1 Zitrone • 100 ml griechischer Joghurt (10 % Fett) • Salz und Pfeffer
30 g Pinienkerne, geröstet und grob gehackt
2 Scheiben Sauerteigbrot, getoastet • 30 ml natives Olivenöl extra
10 g Parmesan, grob geraspelt (nach Belieben)

Linsen, Spinat, Basilikum, Petersilie und Knoblauch mischen.
Die Hälfte des Zitronensafts und den Joghurt zugeben. Kräftig mit
Salz und Pfeffer abschmecken und die Pinienkerne unterrühren.
Die Linsenmasse auf den Brotscheiben verteilen. Die Brote mit Olivenöl
beträufeln, nach Belieben mit Parmesan bestreuen und mit
dem restlichen Zitronensaft beträufeln.

JAPANISCHE KROKETTEN

Für 4 Personen – Zubereitung: 2 Stunden, plus Einweichen über Nacht

ZUTATEN

185 g Azukibohnen • 2 EL trockener Weißwein
1 EL Sesamöl, plus mehr zum Bestreichen • 5 getrocknete Wakame-Algen
(je 5 cm) • 1 mittelgroße Zwiebel, mit 2 Gewürznelken gespickt
4 Knoblauchzehen • 1 Stück Ingwer (5 cm), geschält und gerieben
2 ganze, getrocknete rote Peperoni • 2 Lorbeerblätter • 1 TL Sojasauce
4 Frühlingszwiebeln, in breite Ringe geschnitten • 1 Prise Salz
1 TL gemahlener schwarzer Pfeffer • 90 g Semmelbrösel
Sesamöl zum Bestreichen • 120 g Sesam, geröstet

SAUCE: 90 ml Tamari • 2 EL Reisessig • 1 EL Sesamöl • 1 EL Sesamöl aus
geröstetem Sesam • 1 EL Ahornsirup • ½ TL Cayennepfeffer
1 Knoblauchzehe, zerdrückt • 1 Stück Ingwer (2,5 cm),
geschält und gerieben

PROTEINE
11,5 g
PRO PORTION

Die Bohnen über Nacht in Wasser einweichen. Danach in ein Sieb abgießen und abspülen. Die Bohnen mit Wein, Öl, Algen, Zwiebel, Knoblauch, Ingwer, Peperoni, Lorbeer und 1 l Wasser in einem Topf aufkochen und 1 Stunde köcheln lassen. Abgießen und Algen, Zwiebel, Knoblauch und Gewürze entfernen. Die Sojasauce unterrühren. Den Backofen auf 200 °C vorheizen. Frühlingszwiebeln, Salz, Pfeffer und Semmelbrösel unter die Bohnen mischen. Aus der Masse acht Röllchen formen, dünn mit Sesamöl bestreichen und im Sesam wälzen. Die Röllchen im Backofen 20 Minuten garen. Für die Sauce alle Zutaten mit 90 ml Wasser verrühren. Die Sauce zu den Kroketten servieren.

GEBACKENE EDAMAME

Für 4 Personen – Zubereitung: 30 Minuten

ZUTATEN

300 g Edamame (frische Sojabohnen) • 2 TL Olivenöl • 1 TL Sojasauce
1 TL schwarzer Sesam • 1 TL weißer Sesam

PROTEINE
9 g
PRO PORTION

Den Backofen auf 230 °C vorheizen, ein Backblech mit Backpapier belegen.
Die Bohnen mit Olivenöl und Sojasauce mischen, auf dem Blech
verteilen und im Ofen 12–15 Minuten garen. Die Bohnen dann mit dem
Sesam bestreuen und 5 Minuten weiterbacken. Dabei darauf achten, dass
die Sesamkörner nicht zu dunkel werden. Die Bohnen aus dem Ofen nehmen
und etwas abkühlen lassen. Zum Essen die Kerne aus den Hülsen drücken.

SALATSCHIFFCHEN MIT TEMPEH

Für 4 Personen – Zubereitung: 30 Minuten

ZUTATEN

120 ml frisch gepresster Orangensaft • 1 Stück Ingwer (5 cm), geschält und
gerieben • 1 TL Sojasauce • 1 EL Mirin • 1 TL Ahornsirup
1 Prise gemahlener Koriander • 1 Knoblauchzehe, zerdrückt
140 g Tempeh, in Stifte geschnitten • 1 EL Olivenöl
1 Möhre, in dünne Stifte geschnitten • 8 kleine Blätter Romanasalat
1 Handvoll Koriandergrün, gehackt • Saft von ½ Limette

Orangensaft, Ingwer, Sojasauce, Mirin, Ahornsirup, Koriander und Knoblauch in einem Topf mischen. Dann erhitzen und die Sauce 10 Minuten köcheln lassen. Inzwischen die Tempeh-Stifte im heißen Olivenöl 5 Minuten braten. Die Möhrenstifte zugeben und 4 Minuten mitbraten. Tempeh und Möhren auf den Salatblättern anrichten und mit Koriandergrün bestreuen. Die Schiffchen mit der Sauce und dem Limettensaft beträufeln.

FALAFEL

Ergibt 12–15 Stück – Zubereitung: 40 Minuten

ZUTATEN

4 Süßkartoffeln, mehrmals mit einer Gabel eingestochen
400 g Kichererbsen (aus der Dose), abgetropft und abgespült
2 EL Kichererbsenmehl • 1 TL gemahlener Kreuzkümmel
1 TL gemahlener Koriander • 2 TL geräuchertes Paprikapulver
abgeriebene Schale von 1 Bio-Zitrone • Salz und Pfeffer
40 g Parmesan, gerieben • 2 EL Olivenöl

MINZEDIP: 100 g Joghurt • 1 Handvoll Minze, gehackt
Saft von 1 Zitrone

Die Süßkartoffeln in der Mikrowelle bei 850 Watt 10 Minuten garen.
Abkühlen lassen, dann pellen. Die Süßkartoffeln mit Kichererbsen, Mehl,
Gewürzen, Zitronenschale, Salz und Pfeffer in einen Mixer geben und fein
pürieren. Aus der Masse 12–15 längliche Klößchen formen. Den Parmesan
im Mixer oder in einer Mühle sehr fein zerkleinern. Die Klößchen darin wälzen
und im heißen Olivenöl 4–6 Minuten rundum goldbraun braten. Auf Küchenpapier abtropfen lassen. Für den Minzedip den Joghurt mit Minze und
Zitronensaft verrühren. Den Dip zu den Falafeln servieren.

BLINIS

Ergibt 15 Stück – Zubereitung: 35 Minuten

ZUTATEN

90 g Kichererbsenmehl • ¾ TL Salz • 1 Ei (Größe L)
120 ml Buttermilch • 30 ml natives Olivenöl extra • 1 EL schwarzer Sesam
½ TL gelbe Senfkörner • ½ EL Olivenöl zum Braten

—————————

RAITA: 2 Stängel Minze, Blätter grob gehackt • 100 g Joghurt
1 grüne Chilischote, entkernt und gehackt • 1 rote Zwiebel, fein gewürfelt

PROTEINE 1,7 g PRO PORTION

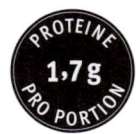

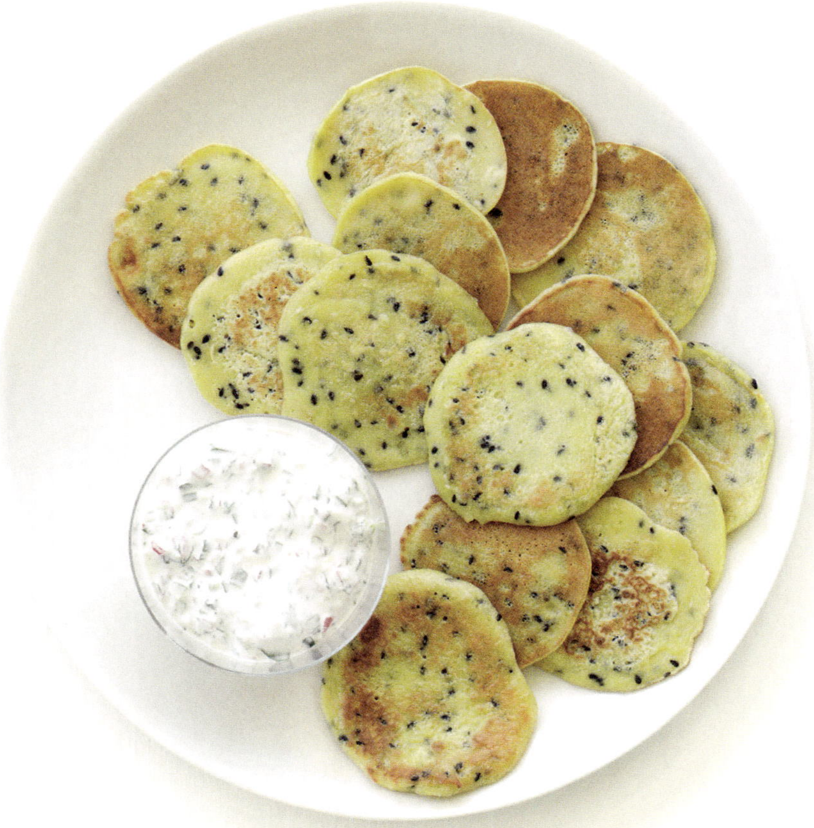

Kichererbsenmehl, Salz, Ei, Buttermilch, natives Olivenöl, Sesam, Senfkörner und 120 ml Wasser zu einem glatten Teig verrühren. Den Teig 15 Minuten ruhen lassen, dann nochmals durchrühren. Inzwischen für die Raita alle Zutaten verrühren. Die Raita bis zum Servieren beiseitestellen. Das Öl in einer Pfanne erhitzen und pro Blini 1 EL Teig hineinsetzen. Die Blinis von jeder Seite 1–2 Minuten goldbraun braten. Herausnehmen und auf Küchenpapier abtropfen lassen. So fortfahren, bis der gesamte Teig aufgebraucht ist. Die Blinis mit der Raita servieren.

BORLOTTI-BROTE

Für 2 Personen – Zubereitung: 1 ¼ Stunden, plus Einweichen über Nacht

ZUTATEN

90 g getrocknete Borlotti-Bohnen • 2–3 Knoblauchzehen
1 Stange Staudensellerie • ½ rote Zwiebel, halbiert • 1 reife Tomate
40 ml natives Olivenöl extra • Salz und Pfeffer
4 große Salbeiblätter • 2 Scheiben Sauerteigbrot

Die Bohnen über Nacht in Wasser einweichen. Danach in ein Sieb
abgießen und abspülen. Mit 1 Knoblauchzehe, Sellerie, Zwiebel
und Tomate in einen Topf geben. Mit Wasser bedecken, 2 EL Olivenöl
zufügen und aufkochen. Die Bohnen zugedeckt 30 Minuten köcheln lassen,
dann offen 30 Minuten weitergaren. Bei Bedarf 125–225 ml Wasser zugießen,
falls die Bohnen zu trocken sind. Sellerie, Zwiebel und Tomate entfernen
und die Bohnen mit Salz und Pfeffer würzen. Den Salbei in 1 EL Öl knusprig
braten und beiseitestellen. Die Brote toasten, mit dem restlichen Knoblauch
abreiben und die Bohnen darauf verteilen. Mit dem restlichen
Olivenöl beträufeln und den Salbei darauflegen.

BURRITOS

Für 2 Personen – Zubereitung: 30 Minuten, plus 20 Minuten Marinieren

ZUTATEN

125 g Tempeh, in kleine Würfel geschnitten
1 Möhre, in dünne Stifte geschnitten • ½ Stange Staudensellerie,
in dünne Stifte geschnitten • ½ kleine Orange, geschält und gewürfelt
½ rote Paprikaschote, entkernt und in Streifen geschnitten • Salz und Pfeffer
2 Weizen-Tortillas • 1 Handvoll junger Blattspinat

———

MARINADE: 1 TL Cayennepfeffer • 1 TL Honig • 2 EL Zitronensaft
1 TL geräuchertes Paprikapulver • 2 EL Olivenöl

———

DRESSING: 2 EL Tahin (Sesammus) • 2 EL Apfelessig • 1 TL Honig

PROTEINE 13,5 g PRO PORTION

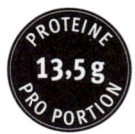

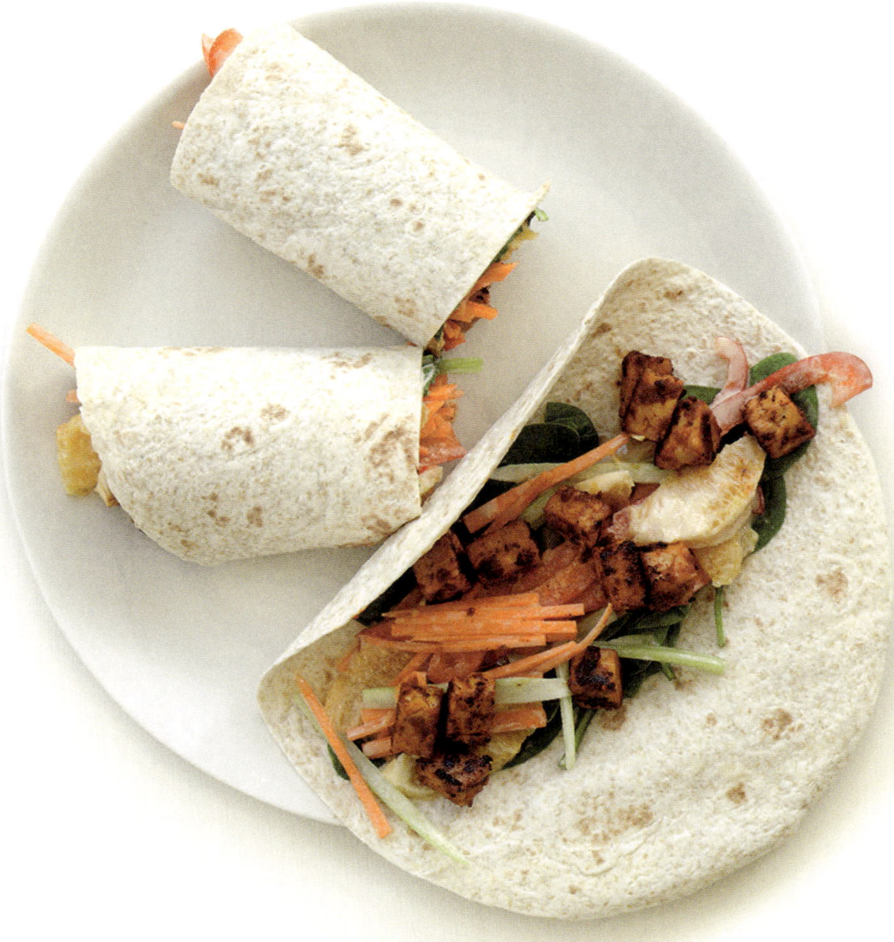

Für die Marinade alle Zutaten verrühren. Die Tempehwürfel unterheben und 20 Minuten durchziehen lassen. Für das Dressing alle Zutaten verrühren. Möhre, Sellerie, Orange und Paprika untermischen und mit Salz und Pfeffer würzen. Den Tempeh mit der Marinade 2 Minuten braten. Die Tortillas mit Spinatblättern belegen. Das Gemüse und den gebratenen Tempeh daraufgeben. Die Tortillas aufrollen, quer halbieren und servieren.

FRÜHLINGSROLLEN

Ergibt 8 Stück – Zubereitung: 45 Minuten, plus 5 Minuten Marinieren

ZUTATEN

115 g Tempeh, in 5 mm dicke Stifte geschnitten • 8 Reispapierblätter
½ große Möhre, geraspelt • 25 g Eisbergsalat, in Streifen geschnitten
¼ Salatgurke, in dünne Stifte geschnitten • 25 g Edamame (frische Sojabohnen)
20 g Sojabohnensprossen • Minze-, Basilikum- und Korianderblätter

———

MARINADE: 1 EL Sojasauce • ½ EL Sesamöl • ½ TL Sriracha-Chilisauce
½ EL Pflanzenöl

———

DIP: 2 Knoblauchzehen, zerdrückt • ½ rote Chilischote, entkernt
und fein gehackt • 2 TL Honig • Saft von 1 Limette
3 EL *nuoc mâm* (vietnamesische Fischsauce)

Für die Marinade alle Zutaten verrühren. Die Tempehstifte
unterheben und 5 Minuten durchziehen lassen. Je 2 Reispapierblätter in
eine Schüssel mit lauwarmem Wasser legen und weich werden lassen.
Herausnehmen und kurz abtropfen lassen. Jeweils etwas von Tempeh, Möhre,
Salat, Gurke, Edamame, Sprossen und einige Kräuter mittig darauflegen und
die Blätter aufrollen. Die restlichen Reispapierblätter ebenso einweichen und
füllen. Für den Dip alle Zutaten verrühren. Den Dip zu den Röllchen servieren.

TOFU-TORTILLAS

Für 4 Personen – Zubereitung: 15 Minuten

ZUTATEN

240 g schnittfester Tofu • 1 rote Zwiebel, fein gewürfelt
½ TL gemahlener Piment • 1 EL Pflanzenöl
1 grüne Chilischote, fein gehackt • 1 Tomate, entkernt und fein gewürfelt
1 Handvoll junger Blattspinat • 4 kleine Mais-Tortillas
1 Handvoll Koriandergrün, grob gehackt

Den Tofu zerdrücken. Die Zwiebel mit dem Piment 2 Minuten im
heißen Öl anbraten. Chili und Tomate zufügen und 1 Minute mitbraten.
Den Tofu zugeben und alles 2 Minuten weiterbraten. Dann den Spinat
zufügen und erhitzen, bis er zusammenfällt. Die Tortillas in der Mikrowelle
10 Sekunden erwärmen. Mit der Tofumischung belegen und mit
Koriandergrün bestreut servieren.

GRÜNE PIZZA

Für 4 Personen – Zubereitung: 30 Minuten

ZUTATEN

120 g Kichererbsenmehl • 1 ½ EL natives Olivenöl extra, plus mehr zum
Beträufeln • 40 g Parmesan, gerieben • 1 EL Thymianblätter
1 EL Basilikumblätter, zerpflückt • Salz und Pfeffer
1 Kugel Büffelmozzarella, in Scheiben geschnitten • Rucola zum Bestreuen

———

CASHEW-PESTO: 150 g Cashewkerne • 1 Handvoll Basilikumblätter
1 große Handvoll junger Blattspinat • Saft von ½ Zitrone
4 EL natives Olivenöl extra • 4 EL Raps- oder Erdnussöl • Salz und Pfeffer

———

AUSSERDEM: 1 runde Pizzaform (22 oder 24 cm Ø) • Öl für die Form

44

Den Backofen auf 240 °C vorheizen, die Pizzaform mit Öl einfetten.
Für das Pesto alle Zutaten im Mixer fein zerkleinern. Das Pesto
mit Salz und Pfeffer abschmecken. Das Mehl sieben. Öl und 240 ml Wasser
sorgfältig unterrühren. Parmesan, Kräuter, Salz und Pfeffer zugeben und
nochmals gut verrühren. Den Teig in die Form füllen und im Ofen
15 Minuten backen. Das Pesto auf den Pizzaboden streichen. Den Mozzarella
darauf verteilen, die Pizza mit Rucola bestreuen, mit etwas
Olivenöl beträufeln und servieren.

SUPPEN
UND SALATE

*Aus Hülsenfrüchten und Samen können Sie
köstliche heiße Suppen und knackige Salate
zubereiten. Prall gefüllt mit wertvollen
Nährstoffen liefern sie viel Energie.
Ob warm oder kalt, da ist für jeden
Geschmack etwas dabei.*

Minestrone mit Kichererbsen • Frühlingsgrüne Suppe
Rote Kokossuppe • Minestrone mit Bohnen
Frische Gemüsesuppe • Klare Suppe • Thai-Suppe
Taboulé mit Erbsen • Maya-Salat • Herbstlicher Linsensalat
Mexikanischer Salat • Inka-Taboulé
Graupensalat • Tofu-Crostini • Asiatischer Salat
Shirashi-Salat • Dinkelsalat

MINESTRONE MIT KICHERERBSEN

Für 4 Personen – Zubereitung: 2 ¾ Stunden, plus Einweichen über Nacht

ZUTATEN

110 g getrocknete Kichererbsen (oder 400 g Kichererbsen aus der Dose)
1 mittelgroße Möhre, fein gewürfelt • 1 Stange Staudensellerie, fein gewürfelt
1 Zwiebel, fein gewürfelt • 1 EL Olivenöl • 2 EL Tomatenmark
1 Zweig Rosmarin • 500 ml Gemüse- oder Hühnerbrühe
1 Stück Parmesanrinde, plus geriebener Parmesan zum Bestreuen
Salz und Pfeffer • 225 g kurze Röhrennudeln (z. B. Makkaroni), bissfest gegart
gehackte Petersilie zum Bestreuen

PROTEINE 6,8 g PRO PORTION

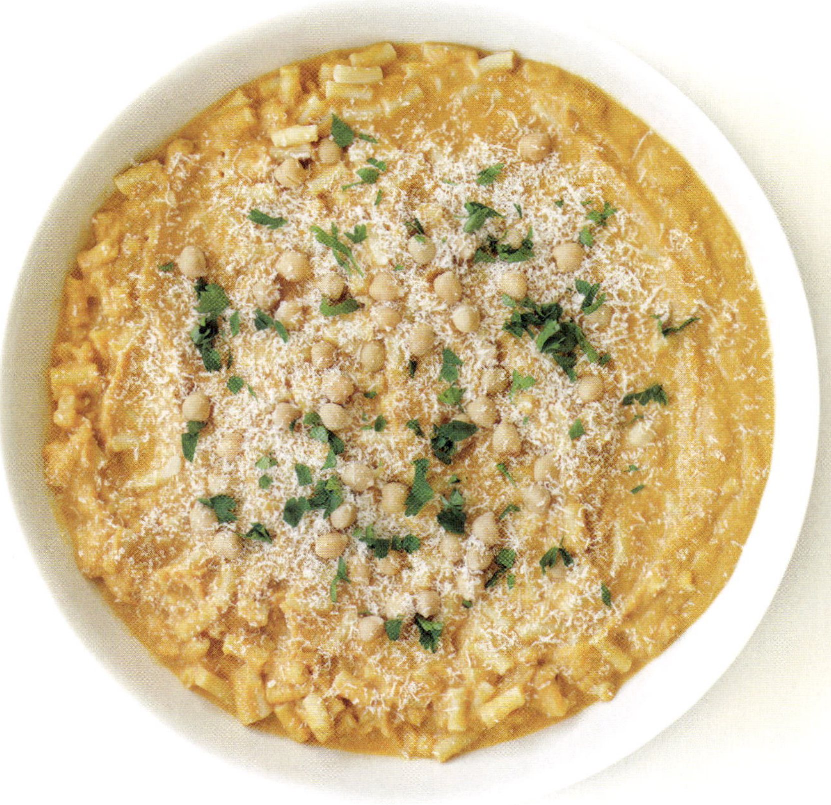

Die getrockneten Kichererbsen über Nacht in Wasser einweichen. Danach in ein Sieb abgießen und abspülen. Die Kichererbsen mit reichlich Wasser in einen Topf geben, aufkochen und etwa 2 Stunden weich köcheln lassen. Abgießen. Möhre, Sellerie und Zwiebel im heißen Öl weich dünsten. Tomatenmark, Rosmarin und zwei Drittel der Kichererbsen einrühren. Mit Brühe bedecken und die Parmesanrinde zugeben. Aufkochen und 20 Minuten köcheln lassen. Rosmarin und Parmesanrinde entfernen. Dann mit dem Stabmixer cremig pürieren. Die restlichen Kichererbsen einrühren und mit Salz und Pfeffer abschmecken. Die Nudeln unterheben und die Suppe mit geriebenem Parmesan und Petersilie bestreut servieren.

FRÜHLINGSGRÜNE SUPPE

Für 4 Personen – Zubereitung: 2 Stunden

ZUTATEN

2 Zwiebeln, grob gewürfelt
1 EL Olivenöl, plus mehr zum Beträufeln
360 g getrocknete grüne Spalterbsen • 1,2 l Gemüsebrühe
½ Kopf Brokkoli, Röschen halbiert, plus 1 Röschen, fein gewürfelt
Salz und Pfeffer • Saft von ½ Zitrone

Die Zwiebeln im heißen Öl anschwitzen. Spalterbsen und Brühe zufügen, aufkochen und 90 Minuten köcheln lassen. Die Brokkoliröschen zugeben und 5–6 Minuten mitgaren. Inzwischen den Backofen auf 200 °C vorheizen. Die Brokkoliwürfelchen mit etwas Öl beträufeln, mit Salz bestreuen und im Ofen 5 Minuten rösten. Die Suppe im Mixer cremig pürieren. Mit Salz, Pfeffer und Zitronensaft abschmecken und mit dem gerösteten Brokkoli bestreut servieren.

ROTE KOKOSSUPPE

Für 4 Personen – Zubereitung: 1 Stunde

ZUTATEN

150 g gelbe Spalterbsen • 150 g rote Linsen
1 Möhre, in kleine Stücke geschnitten • 2 EL frisch geriebener Ingwer
2 EL Garam Masala (indische Gewürzmischung) • 1 TL gemahlener
Kreuzkümmel • 1 EL Olivenöl • 5 Frühlingszwiebeln, fein gewürfelt
3 EL Tomatenmark • 400 g Kokosmilch • 50 g helle Rosinen
Salz und Pfeffer

ZUM SERVIEREN: 1 Handvoll Koriandgrün, grob gehackt
geröstete Kokoschips • rote Chilischote, gehackt

PROTEINE 7g PRO PORTION

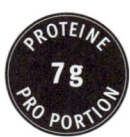

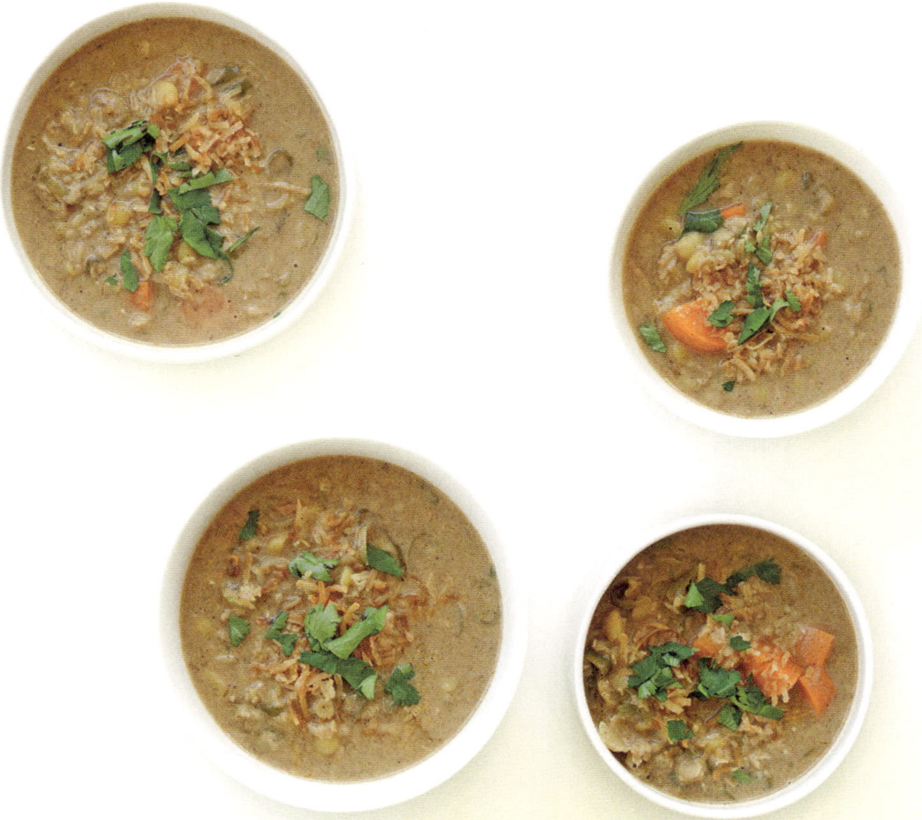

Spalterbsen, Linsen und 1,2 l Wasser in einem großen Topf aufkochen. Die Möhre und 1 EL Ingwer zugeben und zugedeckt 30 Minuten köcheln lassen. Garam Masala und Kreuzkümmel 1 Minute im heißen Öl anbraten. Restlichen Ingwer, Frühlingszwiebeln und Tomatenmark zufügen und 2 Minuten mitbraten. Die Gewürzmischung mit Kokosmilch und Rosinen zur Suppe geben und alles 20 Minuten weiterköcheln lassen. Die Suppe mit Salz und Pfeffer abschmecken und mit Koriandergrün, Kokoschips und Chili bestreut servieren.

MINESTRONE MIT BOHNEN

Für 4 Personen – Zubereitung: 1 ½ Stunden, plus Einweichen über Nacht

ZUTATEN

250 g Azukibohnen • 1 Zwiebel, grob gewürfelt
2 Möhren, in kleine Stücke geschnitten • 1 Stange Staudensellerie, gewürfelt
1 EL Olivenöl • 2 Knoblauchzehen, gehackt • 1 Lorbeerblatt
1 EL gemahlener Kreuzkümmel • 1 EL geräuchertes Paprikapulver
2 EL Tomatenmark • 400 g stückige Tomaten (aus der Dose)
1 TL Honig • 90 g Quinoa • 180 g Mangold, grob gehackt
Salz und Pfeffer • 1 EL grob gehackter Oregano

PROTEINE 6,1 g PRO PORTION

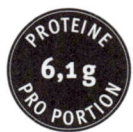

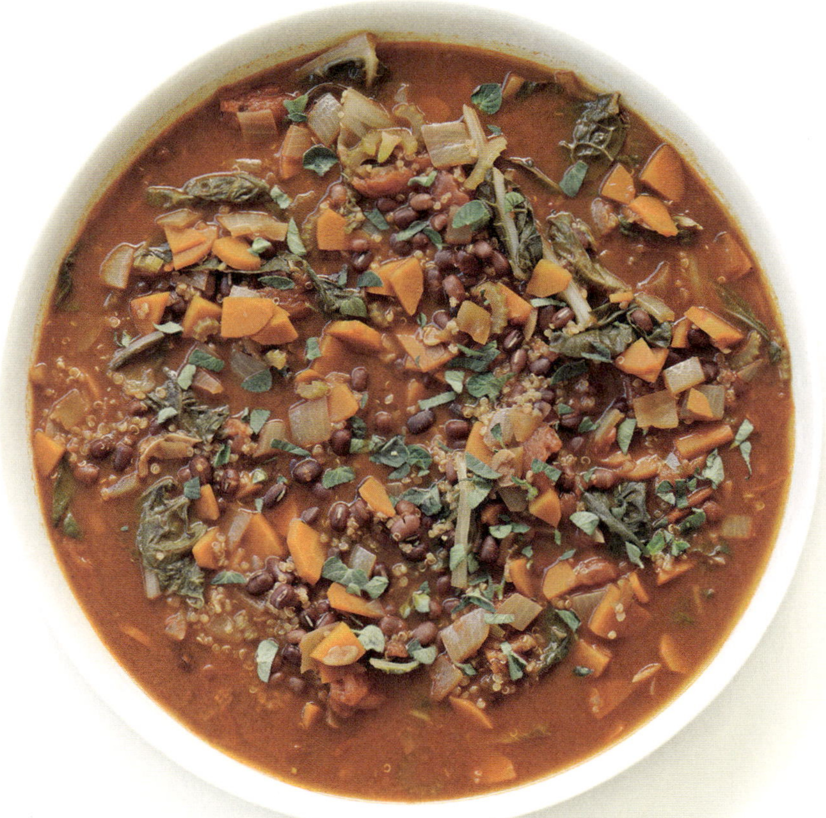

Die Bohnen über Nacht in reichlich Wasser einweichen. Danach in ein Sieb abgießen und abspülen. Zwiebel, Möhren und Sellerie im Olivenöl bei schwacher Hitze 10 Minuten anschwitzen. Knoblauch, Lorbeerblatt und Gewürze zufügen und 3 Minuten mitbraten. Tomatenmark und Tomaten einrühren und 5 Minuten köcheln lassen. Dann 1,8 l Wasser zugießen und die Bohnen zufügen. Aufkochen und 45 Minuten köcheln lassen. Honig, Quinoa und Mangold zugeben und alles 15 Minuten weitergaren. Die Suppe mit Salz und Pfeffer abschmecken und mit Oregano bestreut servieren.

FRISCHE GEMÜSESUPPE

Für 4 Personen – Zubereitung: 40 Minuten

ZUTATEN

1 Zwiebel, fein gewürfelt • 1 grüne Chilischote, entkernt und fein gehackt
1 mittelgroße Kartoffel, geschält und gewürfelt • 1 EL Olivenöl
500 g Edamame (frische Sojabohnen) • 100 g frische Erbsen
200 g junger Blattspinat • 1,2 l Gemüsebrühe • Salz und Pfeffer

---

ZUM SERVIEREN: Sesamöl • schwarzer Sesam

Zwiebel, Chilischote und Kartoffel im heißen Olivenöl 4 Minuten
anschwitzen. Edamame, Erbsen, Spinat und Gemüsebrühe zufügen
und alles zugedeckt 20 Minuten köcheln lassen. Die Suppe mit Salz
und Pfeffer würzen, dann im Mixer cremig pürieren. Die Suppe
mit Sesamöl beträufeln und mit Sesam bestreut servieren.

KLARE SUPPE

Für 4 Personen – Zubereitung: 45 Minuten

ZUTATEN

1,2 l Hühnerbrühe • 1 Stück Ingwer (5 cm), geschält und gehackt
2 Knoblauchzehen, gehackt • 1 Handvoll Koriandergrün, Blätter gehackt,
Stiele ganz • 300 g Lachsfilet, gewürfelt • 200 g Tofu, gewürfelt
5 Frühlingszwiebeln, in dünne Ringe geschnitten • 1 TL Sojasauce
Saft von 1 Limette • 1 Handvoll Schnittlauchröllchen

Die Brühe mit Ingwer, Knoblauch und Korianderstielen aufkochen
und 30 Minuten köcheln lassen. Dann durch ein feines Sieb gießen.
Die Brühe wieder zum Kochen bringen. Lachs, Tofu, Frühlingszwiebeln,
Sojasauce und Limettensaft zugeben und alles 1 Minute köcheln lassen.
Die Suppe mit Koriandergrün und Schnittlauch bestreut servieren.

THAI-SUPPE

Für 4 Personen – Zubereitung: 30 Minuten

ZUTATEN

1 Stängel Zitronengras, fein gehackt • 1 EL frisch geriebener Ingwer
1 TL frisch geriebener Knoblauch • 1 rote Chilischote, gehackt
1 EL Olivenöl • 400–500 ml Gemüsebrühe • 400 ml Kokosmilch
20 g Kombu (Meeresalge), in Streifen geschnitten
5 kleine weiße Champignons, gewürfelt
115 g schnittfester Tofu, gewürfelt • 1 TL Sojasauce
Saft von 1 Limette • ½ TL brauner Zucker • Salz und Pfeffer
1 Handvoll Koriandergrün, grob gehackt

Zitronengras, Ingwer, Knoblauch und Chili im heißen Olivenöl 1 Minute
anbraten. Brühe und Kokosmilch zugießen und 15 Minuten köcheln lassen.
Kombu, Champignons, Tofu und Sojasauce einrühren. Limettensaft und
Zucker zugeben. Die Suppe mit Salz und Pfeffer abschmecken
und mit Koriandergrün bestreut servieren.

TABOULÉ MIT ERBSEN

Für 4 Personen – Zubereitung: 1 Stunde, plus Einweichen über Nacht

ZUTATEN

185 g getrocknete Kichererbsen • 1 TL Natron • 150 g frische Erbsen
2 TL frisch gehackte Minze, Dill und Petersilie

DRESSING: 1 Handvoll Minzeblätter • 1 Handvoll Dillspitzen
1 Handvoll Petersilienblätter • Schale von 2 eingelegten Zitronen • 50 g Joghurt
1 EL natives Olivenöl extra • 1 TL Zitronensaft
1 TL Ahornsirup • 1 Prise Salz

PROTEINE 4,6 g PRO PORTION

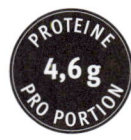

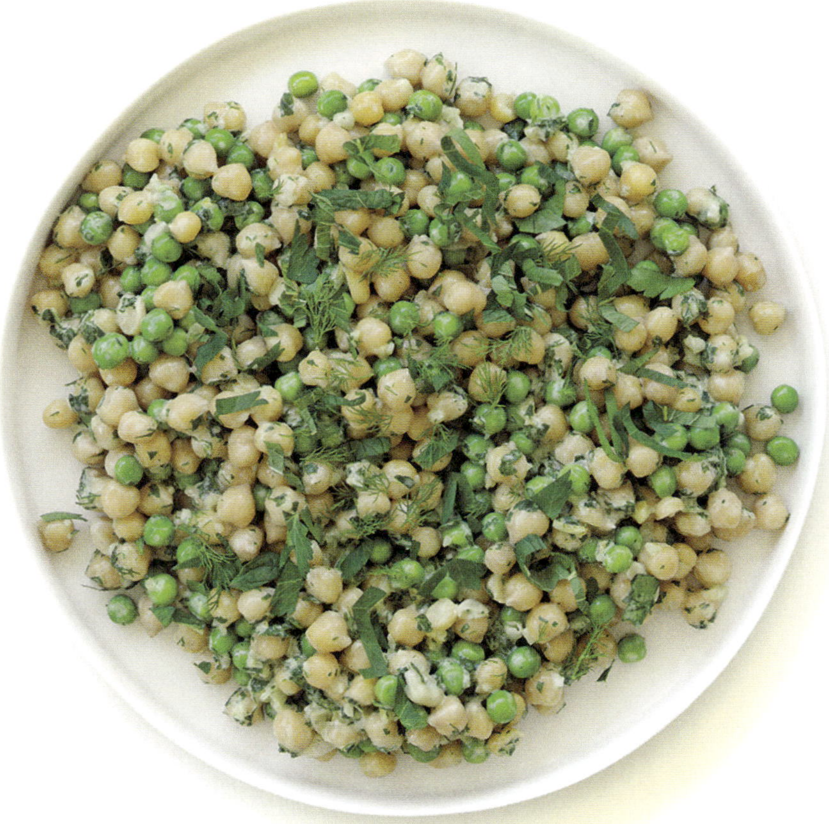

Die Kichererbsen über Nacht in reichlich Wasser einweichen. Danach in ein Sieb abgießen und abspülen. In einem Topf mit frischem Wasser bedecken, das Natron zugeben, aufkochen und 40 Minuten köcheln lassen, anschließend abgießen. Die Erbsen ebenfalls in Wasser garen, abgießen und kalt abschrecken. Für das Dressing Kräuter, Zitronenschale, Joghurt, Olivenöl, Zitronensaft, Ahornsirup und Salz im Mixer 1 Minute cremig pürieren. Kichererbsen, Erbsen und Dressing in einer Schüssel mischen. Das Taboulé mit den gehackten Kräutern bestreut servieren.

MAYA-SALAT

Für 4 Personen – Zubereitung: 40 Minuten

ZUTATEN

5 Frühlingszwiebeln, in dünne Ringe geschnitten • 1 EL Olivenöl
185 g rote und weiße Quinoa (oder eine fertige Mischung)
30 g Pinienkerne, geröstet • abgeriebene Schale von 1 Bio-Zitrone
15 g Korinthen • 1 Prise Salz • 6 Mini-Zucchini oder
2 große Zucchini, geraspelt • 2 Handvoll Dill, gehackt

———————

DRESSING: 50 g Joghurt • Saft von 1 Zitrone • 1 TL Salz
1 EL natives Olivenöl extra

Die Frühlingszwiebeln im heißen Olivenöl glasig dünsten. Quinoa und
Pinienkerne zufügen und 4 Minuten mitdünsten. Zitronenschale, Korinthen,
Salz und 370 ml Wasser zugeben. Aufkochen und die Quinoa 15 Minuten
köcheln lassen. Für das Dressing Joghurt, Zitronensaft, Salz, Öl und
1 EL Wasser verquirlen. Gegarte Quinoa, Zucchiniraspel und Dill in einer
Schüssel mischen. Den Salat mit dem Dressing beträufeln und servieren.

HERBSTLICHER LINSENSALAT

Für 2 Personen – Zubereitung: 45 Minuten

ZUTATEN

90 g Puy-Linsen • 1 Knoblauchzehe, geschält • 30 g Haselnusskerne
1 Avocado, geschält, entkernt und in Streifen geschnitten
1 Handvoll Petersilie, gehackt

DRESSING: Saft von 1 Zitrone • 1 TL Dijonsenf • 2 EL natives Olivenöl extra
1 TL Honig • 1 EL Weißweinessig • Salz und Pfeffer

PROTEINE
8,3g
PRO PORTION

Die Linsen mit dem Knoblauch und 360 ml Wasser und in einen Topf
geben. Aufkochen und 20 Minuten köcheln lassen. Die Linsen in ein Sieb
abgießen und den Knoblauch herausnehmen. Inzwischen den Backofen
auf 200 °C vorheizen. Die Haselnüsse darin 5 Minuten rösten. Für das
Dressing Zitronensaft, Senf, Öl, Honig und Essig verquirlen. Mit Salz und
Pfeffer abschmecken. Linsen, Nüsse und Avocado in einer Schüssel mischen.
Den Salat mit dem Dressing beträufeln und mit Petersilie bestreut servieren.

MEXIKANISCHER SALAT

Für 4 Personen – Zubereitung: 1 ½ Stunden, plus Einweichen über Nacht

ZUTATEN

180 g getrocknete Azukibohnen • 100 g getrocknete ganze Mungobohnen
4 EL Sesamöl, plus 4 TL zum Anmachen • 4 Knoblauchzehen, zerdrückt
3–4 rote oder grüne Chilischoten, entkernt und gehackt
3 Frühlingszwiebeln, in dünne Ringe geschnitten • Salz und Pfeffer
Saft von 1 Limette • 1 Handvoll Koriandergrün, grob gehackt

PROTEINE
4,9 g
PRO PORTION

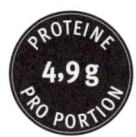

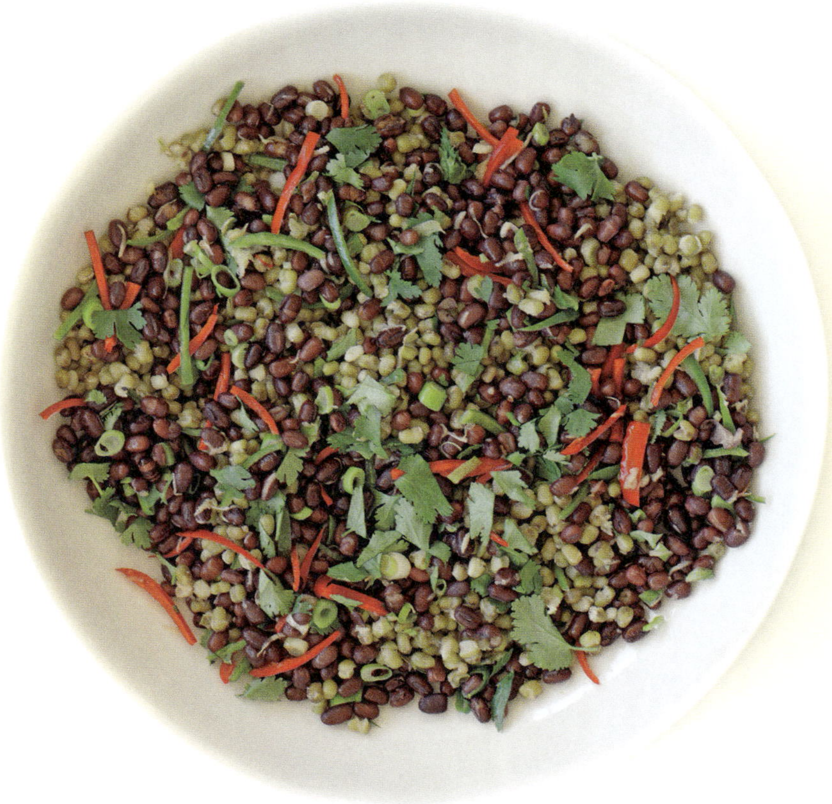

Die Bohnen getrennt über Nacht einweichen. Danach abgießen und abspülen. Die Bohnen jeweils in einem Topf mit frischem Wasser bedecken, aufkochen und 40–60 Minuten weich köcheln lassen. Abgießen.
In einem Topf 4 EL Öl erhitzen und Bohnen, Knoblauch, Chilis und Frühlingszwiebeln darin 5 Minuten braten. Alles in eine Schüssel füllen, mit 4 TL Öl anmachen und mit Salz und Pfeffer abschmecken. Den Salat mit Limettensaft beträufeln und mit Koriandergrün bestreut servieren.

INKA-TABOULÉ

Für 4 Personen – Zubereitung: 30 Minuten, plus Einweichen über Nacht

ZUTATEN

90 g getrocknete Azukibohnen (oder 400 g Azukibohnen
aus der Dose, abgetropft) • 180 g Quinoa
2 große Handvoll Petersilie, grob gehackt • 1 große Handvoll Minze,
grob gehackt • 3 mittelgroße Tomaten, entkernt und fein gewürfelt
1 Gurke, entkernt und fein gewürfelt • 25 g Kürbiskerne
Saft von ½ Zitrone • Salz und Pfeffer

DRESSING: 1 EL Rotweinessig • 3 EL natives Olivenöl extra
1 Knoblauchzehe, zerdrückt • 1 kleiner Schuss Ahornsirup • Salz und Pfeffer

PROTEINE
7,7 g
PRO PORTION

Die getrockneten Bohnen über Nacht in reichlich Wasser einweichen.
Danach abgießen und abspülen. Die Bohnen in einem Topf mit frischem
Wasser bedecken, aufkochen und 45 Minuten garen. Die Quinoa mit
360 ml Wasser in einem Topf aufkochen und zugedeckt 15 Minuten garen.
Bohnen, Quinoa, Kräuter, Tomaten, Gurke und Kürbiskerne in eine
Schüssel geben. Mit Zitronensaft, Salz und Pfeffer abschmecken.
Für das Dressing alle Zutaten verquirlen und kräftig mit Salz und Pfeffer
abschmecken. Über den Salat träufeln, mischen und servieren.

GRAUPENSALAT

Für 4 Personen – Zubereitung: 1 ¼ Stunden

ZUTATEN

180 g Perlgraupen • 3 EL Olivenöl • 1 kleine rote Zwiebel, fein gewürfelt
Salz und Pfeffer • 5 kleine Rote Beten
2 TL Thymianblätter • 3 EL Balsamico-Essig
100 g Edamame (frische Sojabohnen) • 40 g Walnusskerne, geröstet
2 Handvoll Petersilie, gehackt

PROTEINE
10,7 g
PRO PORTION

Die Perlgraupen mit Wasser bedecken und 20 Minuten kochen, dann in
ein Sieb abgießen. Die warmen Graupen in eine Schüssel füllen, mit 2 EL Öl
beträufeln und die Zwiebel untermischen. Kräftig mit Salz und Pfeffer würzen.
Den Backofen auf 220 °C vorheizen. Die Roten Beten salzen und mit
Thymian, Essig und dem restlichen Öl in Alufolie wickeln. Im Ofen
30 Minuten garen. Danach abkühlen lassen, pellen und vierteln. Die Viertel
zu den Graupen geben. Edamame, Nüsse und Petersilie untermischen
und den Salat mit Salz und Pfeffer abschmecken.

TOFU-CROSTINI

Für 4 Personen – Zubereitung: 50 Minuten

ZUTATEN

200 g schnittfester Tofu, in 4 Scheiben geschnitten
1 ½ EL Sojasauce • 45 g Pistazienkerne • 1 Scheibe Vollkorn-Toastbrot
3 grüne Pfefferkörner • 1 EL Dijonsenf • 1 EL Ahornsirup
½ EL Joghurt • 1 Eigelb (Größe M) • Olivenöl zum Beträufeln

SALSA: ½ rote Zwiebel, gewürfelt • 1 Knoblauchzehe, gehackt
1 EL Olivenöl • Salz und Pfeffer • 1 rote Paprikaschote, in Streifen geschnitten
1 Zweig Thymian • ½ EL Weißweinessig • ½ EL Honig

Den Backofen auf 180 °C vorheizen. Die Tofuscheiben mit 1 EL Sojasauce bestreichen und beiseitestellen. Pistazien, Toastbrot und Pfefferkörner im Mixer fein zerkleinern. Senf, Ahornsirup, Joghurt, Eigelb und die restliche Sojasauce verrühren. Den Tofu darin wenden und in den Pistazien-Pfeffer-Bröseln wälzen. Mit etwas Olivenöl beträufeln und im Ofen 20 Minuten backen. Für die Salsa Zwiebel und Knoblauch im heißen Öl anbraten. Mit Salz und Pfeffer würzen, Paprika und Thymian zugeben und alles 8 Minuten dünsten. Essig und Honig zufügen und 2 Minuten weiterköcheln lassen. Die Salsa auf dem gebackenen Tofu anrichten und servieren.

ASIATISCHER SALAT

Für 4 Personen – Zubereitung: 45 Minuten

ZUTATEN

3 kleine Auberginen, längs in dünne Scheiben geschnitten • 2 EL Olivenöl
200 g schnittfester Tofu, gewürfelt • 1 große, reife Mango,
in Würfel geschnitten • 4 Frühlingszwiebeln, in dünne Ringe geschnitten
½ rote Zwiebel, fein gewürfelt • abgeriebene Schale und Saft von 1 Bio-Limette
1 Handvoll Koriandergrün, grob gehackt

———

DRESSING: 60 ml Reisessig • 20 g Rohrohrzucker • 1 TL Salz • 1 TL Sesamöl
2 Knoblauchzehen, zerdrückt • 1 rote Chilischote, fein gehackt

PROTEINE
4,6 g
PRO PORTION

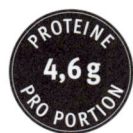

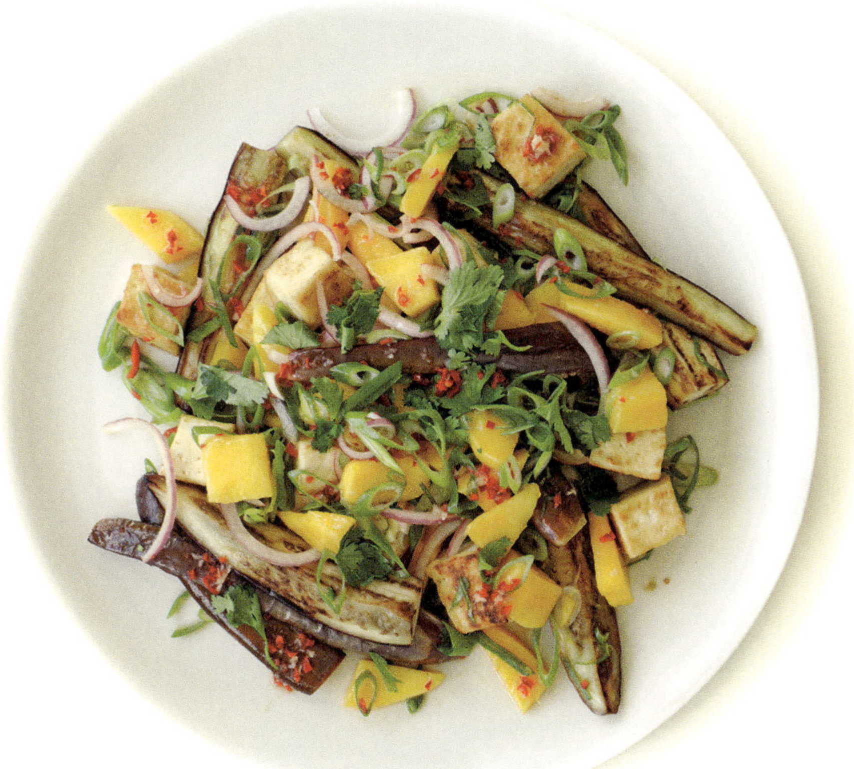

Für das Dressing Essig, Zucker und Salz in einem Topf verrühren und erhitzen, bis sich der Zucker aufgelöst hat. Vom Herd nehmen. Sesamöl, Knoblauch und Chili einrühren und abkühlen lassen. Die Auberginen portionsweise in 1 EL Olivenöl braten und auf Küchenpapier abtropfen lassen. Den Tofu im restlichen Öl braten und abtropfen lassen. Auberginen, Tofu, Mango, beide Zwiebelsorten, Limettenschale und -saft in einer Schüssel mischen. Mit dem Dressing beträufeln und nochmals mischen. Den Salat mit Koriandergrün bestreut servieren.

SHIRASHI-SALAT

Für 4 Personen – Zubereitung: 30 Minuten

ZUTATEN

100 g Edamame (frische Sojabohnen) • 100 g Zuckerschoten, längs halbiert
300 g Naturreis, gegart • ½ Gurke, längs halbiert und fein gehackt
400 g Thunfisch, in 3 mm dicke Scheiben geschnitten
40 g Erbsensprossen • 4 Frühlingszwiebeln, in dünne Ringe geschnitten
4 EL eingelegte Ingwerscheiben (aus dem Glas) • 1 EL schwarzer Sesam

―――――――――

DRESSING: 1 EL Tamari (Sojasauce) • 2 EL Puderzucker
2 EL Reisessig • Saft von 2 Limetten

Für das Dressing alle Zutaten verrühren. Edamame und
Zuckerschoten in kochendem Wasser 2 Minuten blanchieren.
Dann abgießen, kalt abschrecken und abtropfen lassen. Edamame,
Zuckerschoten, Reis, Gurke, Fisch, Sprossen, Zwiebeln und
Ingwer in einer Schüssel mischen. Den Salat mit dem Dressing
beträufeln und mit Sesam bestreut servieren.

DINKELSALAT

Für 4 Personen – Zubereitung: 70 Minuten

ZUTATEN

200 g Dinkel • 1 Knoblauchzehe • 1 Stange Staudensellerie, halbiert
1 Möhre, halbiert • 5 Stängel Sprossenbrokkoli, in Stücke geschnitten
8 Stangen grüner Spargel • 1 mittelgroße Avocado, gewürfelt
1 kleine Handvoll Mungobohnensprossen • 60 g Mandeln, blanchiert und
geröstet • ¼ Gurke, in Stifte geschnitten • 1 Handvoll Rucola
natives Olivenöl extra zum Beträufeln

DRESSING: 1 kleine Knoblauchzehe, zerdrückt • 2 EL Zitronensaft
4 EL natives Olivenöl extra • Salz und Pfeffer

PROTEINE 6,5g PRO PORTION

Den Dinkel in einem Topf mit Wasser bedecken. Knoblauch, Sellerie und Möhre zugeben, aufkochen und 45 Minuten köcheln lassen. Danach in ein Sieb abgießen. Knoblauch, Sellerie und Möhre entfernen, den Dinkel in eine Schüssel füllen. Für das Dressing alle Zutaten verrühren und über den Dinkel träufeln. Brokkoli und Spargel in kochendem Wasser 4 Minuten blanchieren. Abgießen und kalt abschrecken. Beides mit Avocado, Sprossen, Mandeln, Gurke und Rucola unter den Dinkel mischen. Den Salat mit etwas Olivenöl beträufeln und servieren.

HAUPTGERICHTE

Die Gerichte auf den folgenden Seiten überraschen mit Abwechslungsreichtum und einer Fülle von Aromen. Kichererbsen, Sojabohnen & Co. sorgen dabei stets für eine gesunde Portion grüner Proteine.

Marokkanisches Gemüse • Hot Chili • Gemüsecurry
Orzotto Primavera • Pikante Linsen
Bohnentopf mit Tomaten • Dinkel-Gemüse-Topf
Ratatouille • Eier im Tomatenbett • Frittata
Tomatentarte • Grüne Galette • Kichererbsencurry
Grüne Tajine • Veggie-Burger • Grüner Pilaw • Tacos
Soba-Nudeln mit Gemüse • Tempeh-Steaks mit Bohnen
Knuspertofu auf Salat • Gerstenrisotto • Gefüllte
Paprikaschoten • Gelbes Dal • Bunte Gemüsespieße

MAROKKANISCHES GEMÜSE

Für 4 Personen – Zubereitung: 1 Stunde

ZUTATEN

1 rote Zwiebel, geviertelt • 2 Knoblauchzehen, zerdrückt
2 Tomaten, geviertelt • 200 g Butternut-Kürbis, in Stücke geschnitten
1 Möhre, in Stücke geschnitten • 1 rote Paprikaschote, in kleine Stücke
geschnitten • ½ TL gemahlener Zimt • ½ TL gemahlener Kreuzkümmel
½ TL Kreuzkümmelsamen • ½ TL gemahlener Koriander
½ TL Ras el-Hanout (marokkanische Gewürzmischung, nach Belieben)
½ TL Kurkuma • Salz und Pfeffer • 2 EL Olivenöl • 250 ml heiße Gemüsebrühe
400 g Kichererbsen (aus der Dose), abgespült und abgetropft
1 Handvoll Petersilie, gehackt

SAUCE: 100 g Joghurt • 1 EL Harissa

84

Den Backofen auf 220 °C vorheizen. Zwiebel, Knoblauch, Tomaten,
Kürbis, Möhre und Paprika mit den Gewürzen, Salz, Pfeffer und Öl mischen
und im Ofen 30 Minuten rösten. Das Gemüse in einen Topf füllen, die Brühe
zugießen und aufkochen. Die Kichererbsen zugeben und 30 Minuten
mitgaren. Das Gemüse mit Salz und Pfeffer abschmecken.
Für die Sauce Joghurt und Harissa verrühren. Das Gemüse mit der
Petersilie bestreuen und mit der Joghurtsauce servieren.

HOT CHILI

Für 4 Personen – Zubereitung: 70 Minuten

ZUTATEN

1 Zwiebel, fein gewürfelt • 1 EL Olivenöl
1 rote Paprikaschote, gewürfelt • 1 Knoblauchzehe, zerdrückt
1 EL Chipotle-Chilipulver (oder 1 TL Chipotle-Paste)
1 TL scharfes Chilipulver • 1 EL gemahlener Kreuzkümmel
1 TL geräuchertes Paprikapulver • 1 TL gemahlener Koriander
½ TL Cayennepfeffer • 1 Lorbeerblatt
400 g stückige Tomaten (aus der Dose) • 90 g braune Linsen • 90 g rote Linsen
400 g rote Bohnen (aus der Dose), abgespült und abgetropft
1 EL Honig • Salz und Pfeffer

ZUM SERVIEREN: 100 g Joghurt • 1 Handvoll Koriandergrün, grob gehackt
Jalapeño-Chilis, gehackt

Die Zwiebel im heißen Olivenöl 2 Minuten anbraten.
Paprikawürfel und Knoblauch zugeben und 1 Minute mitbraten.
Gewürze und Lorbeerblatt zufügen und 1 Minute weiterbraten. Tomaten,
beide Linsensorten, Bohnen, Honig und 400 ml Wasser zugeben und alles
45 Minuten köcheln lassen. Das Chili mit Salz und Pfeffer abschmecken.
Zum Servieren einen Klecks Joghurt daraufgeben und mit
Koriandergrün und Jalapeños bestreuen.

GEMÜSECURRY

Für 4 Personen – Zubereitung: 1 Stunde

ZUTATEN

180 g gelbe Spalterbsen, abgespült
1 EL Kurkuma • 1 TL Garam Masala (indische Gewürzmischung)
1 rote Zwiebel, fein gewürfelt • 1 TL Cayennepfeffer • 1 EL Olivenöl
1 Knoblauchzehe, zerdrückt • 1 Stück Ingwer (2,5 cm), geschält und
gerieben • ½ Blumenkohl, in Röschen geteilt • 200 ml Gemüsebrühe
180 g frische Erbsen • ½ rote Paprikaschote, entkernt und gehackt
50 g Smyrna-Rosinen • 1 Tomate, entkernt und gewürfelt

Die Spalterbsen mit 700 ml Wasser bedecken, aufkochen und
15 Minuten köcheln lassen. Danach abgießen. Kurkuma,
Garam Masala, Zwiebel und Cayennepfeffer im heißen Öl 1 Minute
anbraten. Knoblauch und Ingwer zugeben und 30 Sekunden mitbraten.
Blumenkohl und Brühe zufügen und alles 10 Minuten kochen
lassen. Erbsen, Paprika, Rosinen und Tomate unterrühren und das
Curry noch 5 Minuten weiterkochen lassen. Heiß servieren.

ORZOTTO PRIMAVERA

Für 2 Personen – Zubereitung: 35 Minuten

ZUTATEN

500 ml Gemüsebrühe • 150 g Orzo-Nudeln (oder Risoni)
200 g grüner Spargel, geschält und in 2 cm lange Stücke geschnitten
100 g tiefgekühle Erbsen • 100 g Dicke Bohnen, enthülst
1 Handvoll Basilikumblätter, zerpflückt • 2 EL natives Olivenöl extra
30 g Parmesanspäne

Die Gemüsebrühe in einem Topf aufkochen und die Nudeln darin
7–10 Minuten garen. Dann abgießen. In einem zweiten Topf 500 ml Wasser
aufkochen. Den Spargel darin 3–4 Minuten blanchieren, herausnehmen
und kalt abschrecken. Die Erbsen ins Spargelwasser geben, wieder aufkochen
und die Bohnenkerne zufügen. Beides 30 Sekunden blanchieren,
dann abgießen und kalt abschrecken. Die Nudeln mit dem Gemüse
mischen, Basilikum und Olivenöl einrühren. Den Orzotto
mit Parmesanspänen bestreut servieren.

PIKANTE LINSEN

Für 4 Personen – Zubereitung: 50 Minuten

ZUTATEN

1 TL Kreuzkümmelsamen • 1 TL Koriandersamen

2 TL gelbe Senfkörner • 1 TL Bockshornkleesamen

½ TL gemahlener Zimt • 1 TL rote Chiliflocken

1 Zwiebel, fein gewürfelt • 1 EL Olivenöl • 2 Knoblauchzehen, zerdrückt

1 Stück Ingwer (2,5 cm), geschält und gerieben

2 Kardamomkapseln, Samen ausgelöst • 1 l Gemüsebrühe

1 EL Tomatenmark • 220 g rote Linsen • 5 Kirschtomaten, halbiert

Saft von 1 Limette • 1 Handvoll Koriandergrün, grob gehackt

Kreuzkümmel, Koriander, Senf und Bockshornklee in einem Topf
ohne Fett rösten, bis die Samen aufplatzen. Herausnehmen und im Mörser
fein zerstoßen. Zimt und Chiliflocken untermischen. Die Zwiebel im heißen
Olivenöl 4 Minuten anbraten. Knoblauch, Ingwer, Kardamomsamen und die
Gewürzmischung zugeben und 3 Minuten mitbraten. Die Brühe zugießen,
Tomatenmark und Linsen einrühren. Aufkochen und die Linsen 20 Minuten
köcheln lassen. Tomaten, Limettensaft und Koriandergrün zugeben und
alles noch 10 Minuten köcheln lassen. Heiß servieren.

BOHNENTOPF MIT TOMATEN

Für 4 Personen – Zubereitung: 1 ½ Stunden, plus Einweichen über Nacht

ZUTATEN

225 g getrocknete Limabohnen (oder 450 g Limabohnen aus der Dose)
4 Stangen Staudensellerie, fein gehackt • 1 EL Olivenöl
6 Frühlingszwiebeln, fein geschnitten • 4 Knoblauchzehen, fein gehackt
1 TL Kümmelsamen, grob zerstoßen • Salz und Pfeffer
400 g Flaschentomaten (aus der Dose), abgetropft, abgespült,
entkernt und grob gehackt

———————

ZUM SERVIEREN: 10 entsteinte schwarze Oliven, grob gehackt
1 Zitrone, geviertelt

Die getrockneten Bohnen über Nacht in reichlich Wasser einweichen.
Danach in ein Sieb abgießen und abspülen. Den Sellerie im heißen Olivenöl
bei schwacher Hitze 10 Minuten dünsten. Die Hälfte der Frühlingszwiebeln
mit Knoblauch, Kümmel und 2 Prisen Salz zufügen. Alles bei schwacher
Hitze 10 Minuten weitergaren. Die Tomaten zugeben und 2 Minuten
mitgaren. Die Bohnen und 200 ml Wasser zufügen und alles zugedeckt
45 Minuten köcheln lassen. Salzen und pfeffern. Den Bohnentopf mit den
Oliven und den restlichen Frühlingszwiebeln bestreuen und servieren.
Die Zitronenviertel dazu reichen.

DINKEL-GEMÜSE-TOPF

Für 4 Personen – Zubereitung: 80 Minuten, plus Einweichen über Nacht

ZUTATEN

200 g getrocknete Pintobohnen • 200 g getrocknete Borlotti-Bohnen
1 Zwiebel, grob gewürfelt • 1 EL Olivenöl, plus mehr zum Beträufeln
800 g stückige Tomaten (aus der Dose) • 1 Möhre, fein gewürfelt
3 kleine Kartoffeln, in kleine Stücke geschnitten
2 Stangen Staudensellerie • 350 g Perl-Dinkel • 500 ml Gemüsebrühe
1 TL Salz • 2 Handvoll Grünkohl (Kale), gehackt
1 Handvoll junger Blattspinat • 50 g Parmesan, gerieben

PROTEINE
16,2 g
PRO PORTION

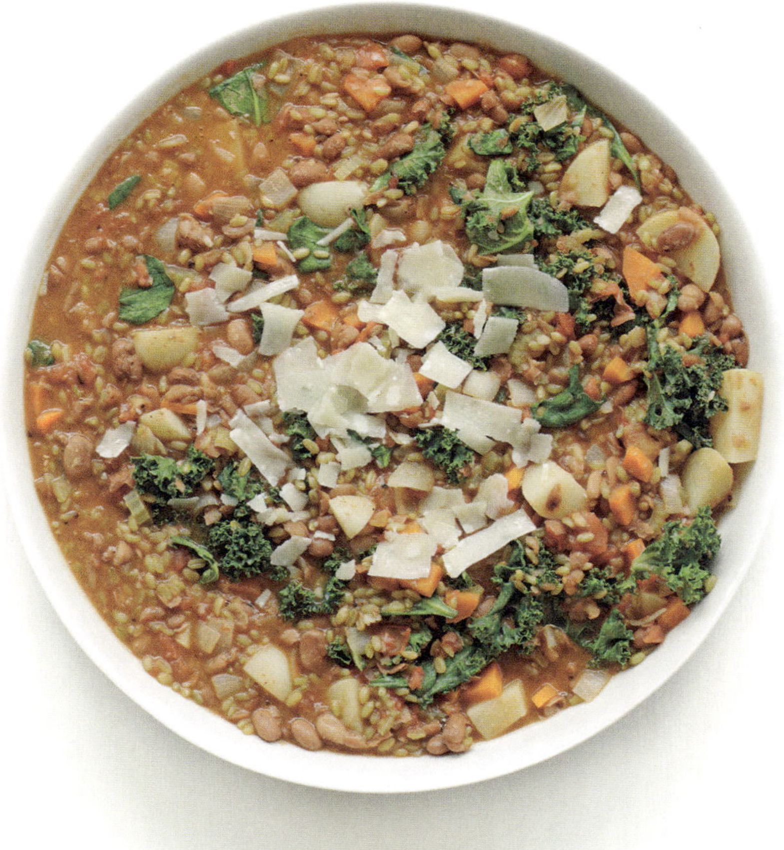

Die Bohnen über Nacht einweichen. Danach in ein Sieb abgießen und abspülen. Mit 1 l Wasser aufkochen und 40 Minuten köcheln lassen. Dann die Bohnen abgießen und zerdrücken. Die Zwiebel im heißen Olivenöl 3 Minuten anbraten. Zerdrückte Bohnen, Tomaten, Möhre, Kartoffeln, Sellerie, Dinkel und Brühe zufügen. Aufkochen und 20 Minuten köcheln lassen. Salz, Kohl und Spinat unterrühren und 3 Minuten mitgaren. Den Eintopf zum Servieren mit Parmesan bestreuen und mit etwas Olivenöl beträufeln.

RATATOUILLE

Für 4 Personen – Zubereitung: 1 ¼ Stunden, plus Einweichen über Nacht

ZUTATEN

250 g getrocknete weiße Bohnen (oder 400 g weiße Bohnen aus der Dose)
½ Butternut-Kürbis, gewürfelt • 1 rote Paprikaschote, gewürfelt
2 Zucchini, in Stücke geschnitten • 2 Knoblauchzehen, zerdrückt
5 EL Olivenöl • 1 Aubergine, in kleine Stücke geschnitten
1 rote Zwiebel, grob gewürfelt • 1 EL Tomatenmark
400 g Flaschentomaten • 1 EL Weißweinessig • 1 TL Honig
1 Handvoll Basilikumblätter

JALAPEÑO-PESTO: 1 EL Jalapeño-Chilis in Essig (aus dem Glas)
50 g Mandeln • 1 Knoblauchzehe • 1 EL Petersilienblätter

Die getrockneten Bohnen über Nacht in Wasser einweichen.
Danach abgießen und abspülen. Mit frischem Wasser bedeckt aufkochen
und 40 Minuten köcheln lassen. Den Backofen auf 220 °C vorheizen. Kürbis,
Paprika, Zucchini und Knoblauch mit 2 EL Olivenöl mischen und im Ofen
30 Minuten rösten. Die Auberginenstücke portionsweise in 2 EL Olivenöl
goldbraun braten, beiseitestellen. Die Zwiebel im restlichen Öl anbraten.
Das Tomatenmark unterrühren. Tomaten, Essig und Honig zugeben und alles
10 Minuten köcheln lassen. Bohnen, geröstetes Gemüse und Aubergine untermischen. Für das Pesto alle Zutaten im Mixer 30 Sekunden fein zerkleinern.
Das Ratatouille mit Pesto beträufeln und mit Basilikum bestreut servieren.

EIER IM TOMATENBETT

Für 4 Personen – Zubereitung: 20 Minuten

ZUTATEN

1 rote Zwiebel, fein gewürfelt • 2 Knoblauchzehen, zerdrückt
1 EL Olivenöl • ½ TL Kreuzkümmelsamen
½ TL gemahlener Kreuzkümmel • 1 Msp. Cayennepfeffer
400 g rote Bohnen (aus der Dose), abgetropft
4 reife, feste Tomaten, fein gewürfelt • 1 TL Salz • 4 Eier (Größe L)

───────

ZUM SERVIEREN: 1 Handvoll Koriandergrün, fein gehackt • 80 g Joghurt

PROTEINE 11 g PRO PORTION

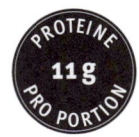

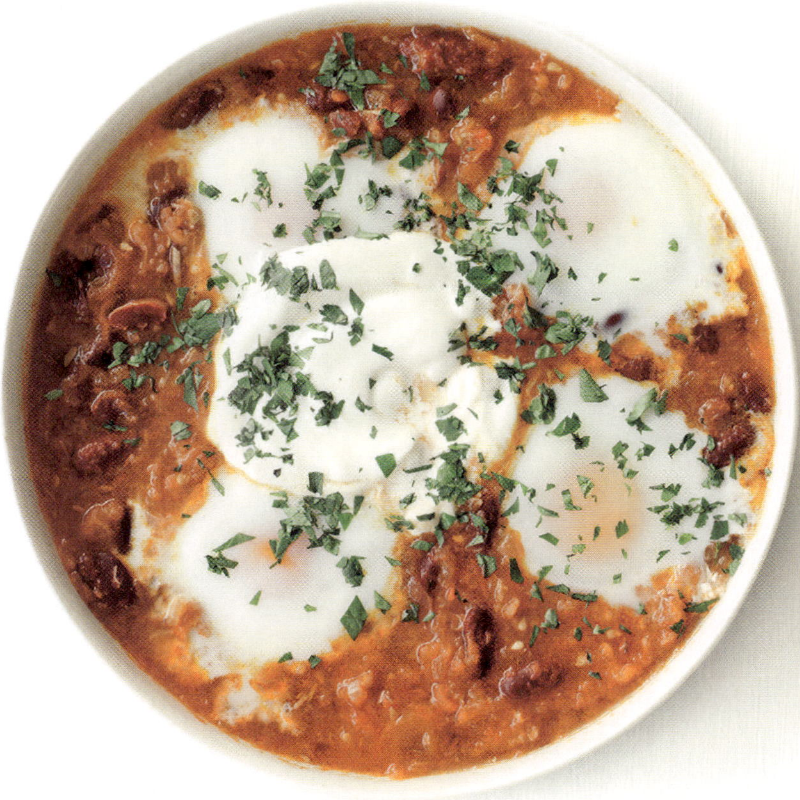

Zwiebel und Knoblauch in einem Topf im Olivenöl bei schwacher Hitze 3 Minuten glasig dünsten. Die Gewürze zufügen und 1 Minuten mitdünsten. Bohnen, Tomaten und Salz zugeben und alles 5 Minuten kochen lassen. Danach vier Vertiefungen in die Tomatensauce drücken und jeweils 1 Ei hineinschlagen. Den Deckel auflegen und die Sauce 4 Minuten köcheln lassen, bis die Oberfläche der Eier stockt. Für harte Eier die Sauce noch etwas länger köcheln lassen. Die Eier mit Koriandergrün bestreuen und mit dem Joghurt servieren.

FRITTATA

Für 4 Personen – Zubereitung: 30 Minuten

ZUTATEN

2 Lauchstangen, in Scheiben geschnitten • 1 Knoblauchzehe, zerdrückt
1 EL Olivenöl • 10 Stangen grüner Spargel
8 Eier (Größe L), verquirlt • 50 g Feta • 1 Handvoll Petersilie, gehackt,
plus mehr zum Bestreuen • 1 Handvoll junger Blattspinat
100 g Quinoa, gegart • Salz und Pfeffer
40 g Parmesan, gerieben, plus einige Späne zum Bestreuen

In einem ofenfesten Topf Lauch und Knoblauch im heißen Olivenöl
5 Minuten anbraten. Die Spargelstangen zugeben und 5 Minuten mitbraten.
Den Backofengrill vorheizen. Eier, Feta, Petersilie und Spinat verrühren.
Die Quinoa unterrühren und die Eiermasse mit Salz und Pfeffer würzen.
Den Backofengrill vorheizen. Die Eiermasse über das Gemüse gießen und
stocken lassen, bis die Unterseite goldbraun ist. Mit dem geriebenen Parmesan
bestreuen und unter dem Backofengrill 3 Minuten überbacken. Die Frittata
mit Petersilie und Parmesanspänen bestreuen und sofort servieren.

TOMATENTARTE

Für 4 Personen – Zubereitung: 35 Minuten

ZUTATEN

55 g Harissa • 55 g Ricotta • Salz und Pfeffer
1 geröstete rote Paprikaschote (aus dem Glas), in Streifen geschnitten
10 Kirschtomaten, in Scheiben geschnitten • Olivenöl zum Beträufeln

———

TEIG: 55 g Kichererbsenmehl • 110 g Mehl • ½ EL Backpulver • 1 Prise Salz
125 ml helles Bier • Maisgrieß zum Bestreuen

Den Backofen auf 200 °C vorheizen. Für den Teig beide Mehlsorten,
Backpulver und Salz mischen. Das Bier zugießen und alles sorgfältig
verrühren. Ein Backblech mit Grieß bestreuen und den Teig
darauf zu einem runden Boden formen. Den Pizzaboden mit Harissa
bestreichen, den Ricotta darauf verteilen und leicht salzen und pfeffern.
Mit Paprikastreifen und Tomatenscheiben belegen und die Teigränder
etwas hochschlagen. Die Pizza mit Olivenöl beträufeln und im Ofen
20 Minuten backen. Heiß servieren.

GRÜNE GALETTE

Für 4 Personen – Zubereitung: 45 Minuten

ZUTATEN

2 Frühlingszwiebeln, dünn geschnitten, plus mehr zum Bestreuen
1 EL Olivenöl • 100 g Mandeln, blanchiert • 2 große Handvoll Rucola
1 Knoblauchzehe • Salz • Saft von 1 Zitrone • 12 Kirschtomaten, halbiert
und 30 Minuten im Ofen gebacken • 1 reife Avocado, gehackt
100 g Feta, zerbröselt • 1 rote Chilischote, gehackt

TEIG: 100 g Pistazienkerne • 50 g Kürbiskerne • 50 g Sonnenblumenkerne
100 g Maronen (Esskastanien, vakuumverpackt) • 1 EL Ahornsirup
abgeriebene Schale von 1 Bio-Zitrone • 1 kleine Handvoll Thymianblätter
1 EL Olivenöl • Salz und Pfeffer

PROTEINE 19,3 g PRO PORTION

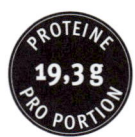

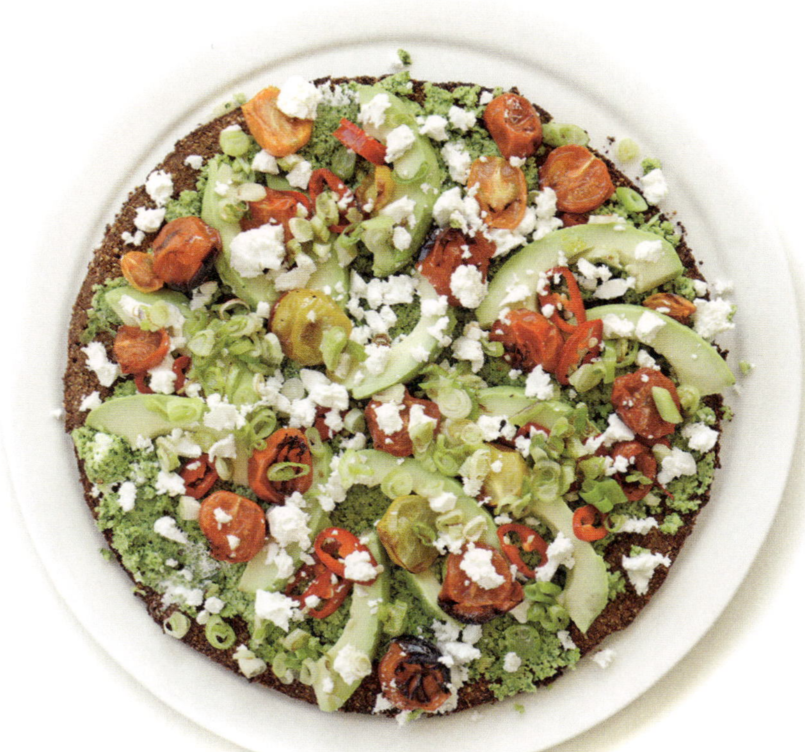

Für den Teig den Backofen auf 200 °C vorheizen. Pistazien-, Kürbis- und Sonnenblumenkerne im Ofen 8 Minuten rösten. Mit Maronen, Ahornsirup, Zitronenschale, Thymian, Olivenöl, Salz und Pfeffer verkneten. Aus der Masse auf Backpapier einen 5 mm dicken Kreis formen. Diesen mit einer Gabel mehrmals einstechen und im Ofen 20 Minuten backen. Die Frühlingszwiebeln im heißen Olivenöl glasig dünsten. Für das Pesto Mandeln, Rucola, Knoblauch, Salz und die Hälfte vom Zitronensaft im Mixer fein zerkleinern. Das Pesto auf den Boden streichen. Tomaten, Avocado, Feta und Chiliwürfel darauf verteilen. Die Galette mit dem restlichen Zitronensaft beträufeln und mit Frühlingszwiebeln bestreut servieren.

KICHERERBSENCURRY

Für 4 Personen – Zubereitung: 35 Minuten

ZUTATEN

1 TL Senfkörner • 1 TL Kurkuma • 2 TL gemahlener Koriander
1 TL Bockshornkleesamen • 1 TL Cayennepfeffer
1 EL Olivenöl • 1 Zwiebel, fein gewürfelt
1 EL frisch geriebener Ingwer • 2 Knoblauchzehen, zerdrückt
800 g Kichererbsen (aus der Dose), abgespült und abgetropft
1 rote Paprikaschote, grob gehackt • 6 Tomaten, entkernt und gewürfelt
2 Handvoll Grünkohl (Kale), grob gehackt • 1 Kaffir-Limettenblatt
200 ml Kokosmilch • 1 Handvoll Koriandergrün, grob gehackt

Senfkörner, Kurkuma, Koriander, Bockshornkleesamen und
Cayennepfeffer im heißen Olivenöl 1 Minute anbraten. Die Zwiebel
zufügen und 2 Minuten mitbraten. Ingwer und Knoblauch zugeben und
einige Sekunden weiterbraten. Kichererbsen und Paprika zugeben und unter
ständigem Rühren 2 Minuten köcheln lassen. Die Tomaten zufügen und
2 Minuten weiterköcheln lassen. Grünkohl und Limettenblatt zufügen
und unter Rühren weitere 2 Minuten köcheln lassen. Kokosmilch und
100 ml Wasser zugießen und alles zugedeckt weitere 5 Minuten garen.
Das Curry mit Koriandergrün bestreut servieren.

GRÜNE TAJINE

Für 4 Personen – Zubereitung: 1 Stunde

ZUTATEN

½ rote Zwiebel, grob gewürfelt • ½ EL Olivenöl
½ Knoblauchzehe, fein gehackt • ½ EL frisch geriebener Ingwer
1 Msp. gemahlener Ingwer • ½ TL Kurkuma • ½ TL gemahlener Kreuzkümmel
100 g Linsen • 150 g Dicke Bohnen (frisch oder TK)
4 violette Artischocken, äußere Blätter entfernt und halbiert
½ eingelegte Zitrone, entkernt und fein gehackt • 1 Handvoll grüne Oliven
Salz und Pfeffer • 1 Handvoll Petersilie, fein gehackt
1 Handvoll Koriandergrün, fein gehackt

PROTEINE 5,5 g PRO PORTION

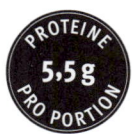

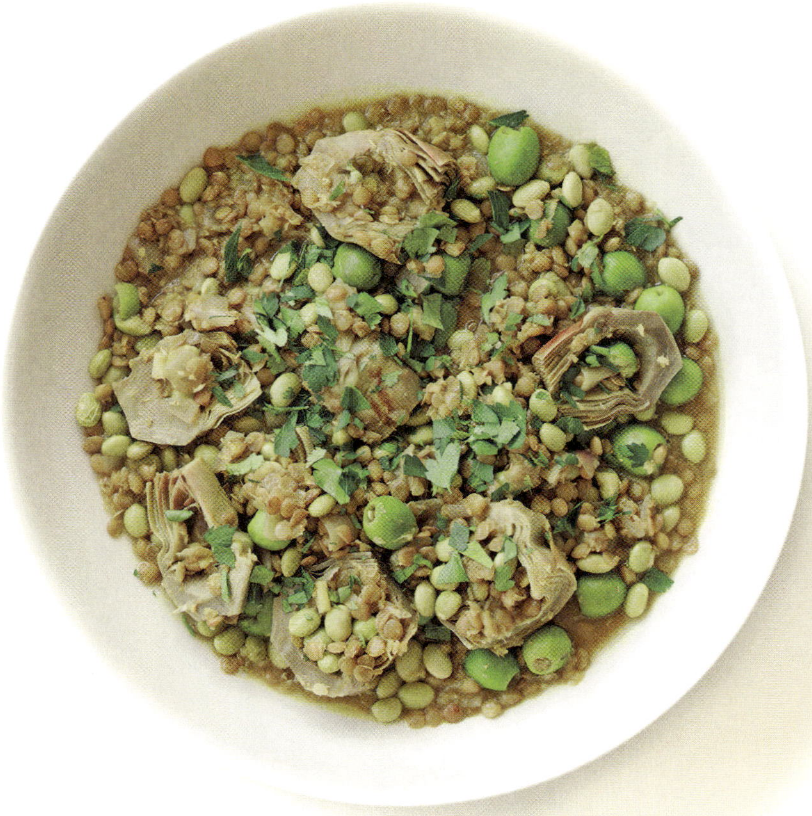

Die Zwiebel im heißen Olivenöl 3 Minuten anbraten. Knoblauch, Ingwer und Gewürze zufügen und unter Rühren 30 Sekunden mitbraten. Die Linsen zugeben, mit Wasser bedecken, aufkochen und 20 Minuten köcheln lassen. Bohnen, Artischocken, Zitrone und Oliven zugeben und wieder mit Wasser bedecken. Erneut aufkochen und 20 Minuten köcheln lassen. Die Tajine mit Salz und Pfeffer abschmecken und mit Petersilie und Koriandergrün bestreut servieren.

VEGGIE-BURGER

Für 2 Personen – Zubereitung: 50 Minuten

ZUTATEN

2 Riesenchampignons, gewürfelt • ½ EL gehackter Thymian • 1 EL Olivenöl
Salz und Pfeffer • 100 g weiße Bohnen (aus der Dose), abgetropft
1 Dattel, entsteint • 1 Knoblauchzehe, geschält • 1 Handvoll Petersilie
½ EL Tahin (Sesammus) • ½ EL Sojasauce • 50 g Reis, gegart und abgekühlt
25 g Vollkorn-Semmelbrösel • abgeriebene Schale von ¼ Bio-Zitrone
2 weiche Vollkornbrötchen

ESSIGGURKE: ½ Gurke, fein gehackt • 1 EL Weißweinessig
1 TL Honig • Salz

SESAMSAUCE: 2 EL Tahin (Sesammus) • 2 TL Ahornsirup
Saft und abgeriebene Schale von 1 Bio-Zitrone
4 EL Joghurt • 1 Msp. Harissa

Die Champignons mit dem Thymian im heißen Olivenöl braten,
bis sie trocken werden. Salzen und pfeffern. Bohnen, Dattel, Knoblauch,
Petersilie, Tahin und Sojasauce im Mixer fein pürieren. Reis, Semmelbrösel,
Zitronenschale und Champignons zugeben. Gut verrühren und den Teig
10 Minuten kalt stellen. Den Backofen auf 230 °C vorheizen. Aus dem Teig vier
runde Burger formen und im Ofen 15 Minuten backen. Für die Essiggurke
Gurke, Essig und Honig verrühren, mit Salz abschmecken. Für die Sesamsauce
alle Zutaten verrühren. Die Brötchen knusprig toasten. Dann aufschneiden
und mit je 2 Burgern und Essiggurke belegen und mit Sesamsauce
beträufeln. Zusammenklappen und servieren.

GRÜNER PILAW

Für 4 Personen – Zubereitung: 30 Minuten

ZUTATEN

1 rote Zwiebel, fein gewürfelt • 4 EL Olivenöl • Salz und Pfeffer
2 Zucchini, eine in Würfel, eine längs in dünne Scheiben geschnitten
1 TL gelbe Senfkörner • 1 TL Fenchelsamen
180 g getrocknete Mungobohnen • 180 g brauner Basmatireis
400 ml Gemüsebrühe • 1 Knoblauchzehe, zerdrückt
1 Handvoll Pinienkerne, geröstet • 1 Handvoll Rosinen
1 Handvoll Petersilie, grob gehackt
1 Handvoll Koriandergrün, grob gehackt • Saft von 1 Zitrone

PROTEINE 3,6 g PRO PORTION

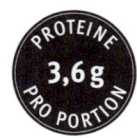

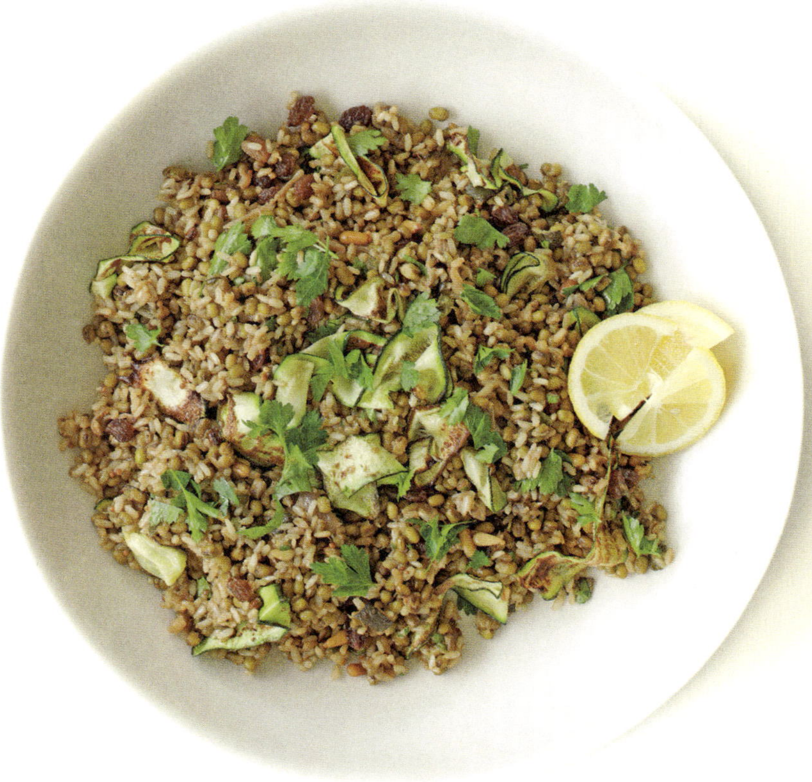

Die Zwiebel in 1 EL heißem Öl zugedeckt 5 Minuten weich dünsten. Salzen und pfeffern. Die Zucchiniwürfel in 1 EL Öl bei starker Hitze hellbraun anbraten, dann die gedünstete Zwiebel zugeben. In einem Topf Senfkörner und Fenchelsamen in 1 EL Öl braten, bis sie aufplatzen. Mungobohnen und Reis unterrühren. Die Brühe zugießen, mit Salz und Pfeffer würzen und aufkochen. Den Reis köcheln lassen, bis die gesamte Flüssigkeit aufgesogen ist. Die Zucchinischeiben im restlichen Öl von beiden Seiten knusprig braten. Gemüse und Reis mischen. Knoblauch, Pinienkerne und Rosinen unterheben. Den Pilaw mit Kräutern bestreuen und mit Zitronensaft beträufelt servieren.

TACOS

Für 4 Personen – Zubereitung: 1 Stunde, plus 1 Stunde Einweichen

ZUTATEN

1 große Süßkartoffel, geschält und in kleine Stücke geschnitten
1 kleine rote Zwiebel, fein gewürfelt • 1 EL Olivenöl
1 TL geräuchertes Paprikapulver • 1 grüne Paprikaschote, fein gewürfelt
2 mittelgroße Tomaten, entkernt und gewürfelt
200 g Kichererbsen (aus der Dose), abgespült und abgetropft
1 TL Chipotle-Paste • 100 g Joghurt • 1 grüne Chilischote, fein gehackt
1 Handvoll Koriandergrün, grob gehackt • Saft von ½ Zitrone

TACOS: 100 g rote Linsen • 100 g ganze Mungobohnen
1 Knoblauchzehe, zerdrückt • ½ TL gemahlener Kreuzkümmel
½ TL Kreuzkümmelsamen • 1 ½ TL Salz
2 EL Olivenöl zum Braten

Für die Tacos Linsen und Mungobohnen in 230 ml Wasser 1 Stunde
einweichen. Danach abgießen und mit Knoblauch und Gewürzen verrühren.
Der Teig sollte die Konsistenz von Pfannkuchenteig haben. Ist er zu dick,
1–2 EL Wasser zugeben. In einer Pfanne 2 EL Olivenöl erhitzen, 1 EL Teig
hineingeben und von jeder Seite 3 Minuten braten. Herausnehmen
und so insgesamt 8 Tacos braten. Inzwischen den Backofen auf 200 °C
vorheizen. Die Süßkartoffel im Ofen 25 Minuten garen. Die Zwiebel im
heißen Öl 2 Minuten anbraten. Paprikapulver, Paprikawürfel, Tomaten,
Kichererbsen und Chipotle-Paste zufügen und 2 Minuten mitbraten.
Die Süßkartoffel unterrühren und die Mischung auf die Tacos verteilen.
Jeweils einen Klecks Joghurt daraufsetzen und die Tacos mit Chili und
Koriandergrün bestreuen. Mit Zitronensaft beträufelt servieren.

SOBA-NUDELN MIT GEMÜSE

Für 4 Personen – Zubereitung: 25 Minuten, plus 1 Stunde Marinieren

ZUTATEN

3 EL Erdnussbutter • 1 TL Sojasauce • Saft von ½ Limette • 3 TL Sesamöl
1 TL *nuoc mâm* (vietnamesische Fischsauce) • 1 TL Ahornsirup
200 g Soba-Nudeln (japanische Buchweizennudeln), gegart und abgekühlt
500 g schnittfester Tofu, in mundgerechte Würfel geschnitten
2 EL Olivenöl • 2 Frühlingszwiebeln, fein gehackt
2 Möhren, in Stifte geschnitten • 100 g Sojabohnensprossen
1 Handvoll Koriandergrün, gehackt • 1 TL schwarzer Sesam

WÜRZZWIEBELN: 4 EL Weißweinessig • 1 EL Honig • 1 TL Salz
1 rote Zwiebel, fein gewürfelt

Für die Würzzwiebeln Essig, Honig und Salz verrühren, bis sich
das Salz auflöst. Die Zwiebel unterheben und 1 Stunde marinieren.
Erdnussbutter, Sojasauce, Limettensaft, Sesamöl, Fischsauce, Ahornsirup
und 1 EL Wasser verrühren. Die Soba-Nudeln unterheben. Den Tofu
in einer Pfanne in 1 EL Olivenöl knusprig braten, herausnehmen.
Frühlingszwiebeln und Möhren im restlichen Öl 2 Minuten anbraten.
Die Sprossen zugeben und 2 Minuten mitbraten. Nudeln, Tofu und
Gemüse mischen. Mit den Würzzwiebeln, Koriandergrün und
Sesam bestreuen und servieren.

TEMPEH-STEAKS MIT BOHNEN

Für 4 Personen – Zubereitung: 20 Minuten, plus 30 Minuten Marinieren

ZUTATEN

225 g Tempeh • 3 EL Sojasauce
3 EL Ahornsirup • 1 TL Chipotle-Paste
1 TL Reisessig • 1 Knoblauchzehe, zerdrückt
200 g grüne Bohnen, geputzt • 1 Schalotte, fein gewürfelt
1 EL schwarzer Sesam • 1 EL Olivenöl • Salz und Pfeffer

Den Tempeh in vier Scheiben schneiden und diese längs halbieren.
Sojasauce, Ahornsirup, Chipotle-Paste, Essig und Knoblauch in einer Schüssel
verrühren. Den Tempeh hineinlegen und 30 Minuten marinieren.
Die Bohnen in kochendem Wasser 5 Minuten bissfest garen. Inzwischen den
Grill oder eine Grillpfanne vorheizen und den Tempeh von jeder Seite
3 Minuten grillen. Dabei mehrmals mit der Marinade bestreichen.
Die Bohnen in ein Sieb abgießen. Mit Schalotte und Sesam mischen und
mit dem Olivenöl beträufeln. Die Bohnen mit Salz und Pfeffer würzen
und den gegrillten Tempeh darauf anrichten.

KNUSPERTOFU AUF SALAT

Für 4 Personen – Zubereitung: 25 Minuten

ZUTATEN

1 TL rosa Pfefferbeeren, grob zerstoßen • 3 EL Maismehl • ½ TL Salz
2 EL Sonnenblumenöl • 225 g schnittfester Tofu, in Streifen geschnitten
½ Gurke, in Stifte geschnitten • 50 g Sojabohnensprossen
150 g Eisbergsalat, in Streifen geschnitten
1 Möhre, in feine Streifen geschnitten • 1 kleine Handvoll Koriandergrün
1 kleine Handvoll Minzeblätter

DIP: 1 rote Chilischote, gehackt • 1 Knoblauchzehe, zerdrückt
2 EL Limettensaft • 3 TL Honig
4 EL *nuoc mâm* (vietnamesische Fischsauce)

PROTEINE
8,5 g
PRO PORTION

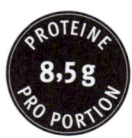

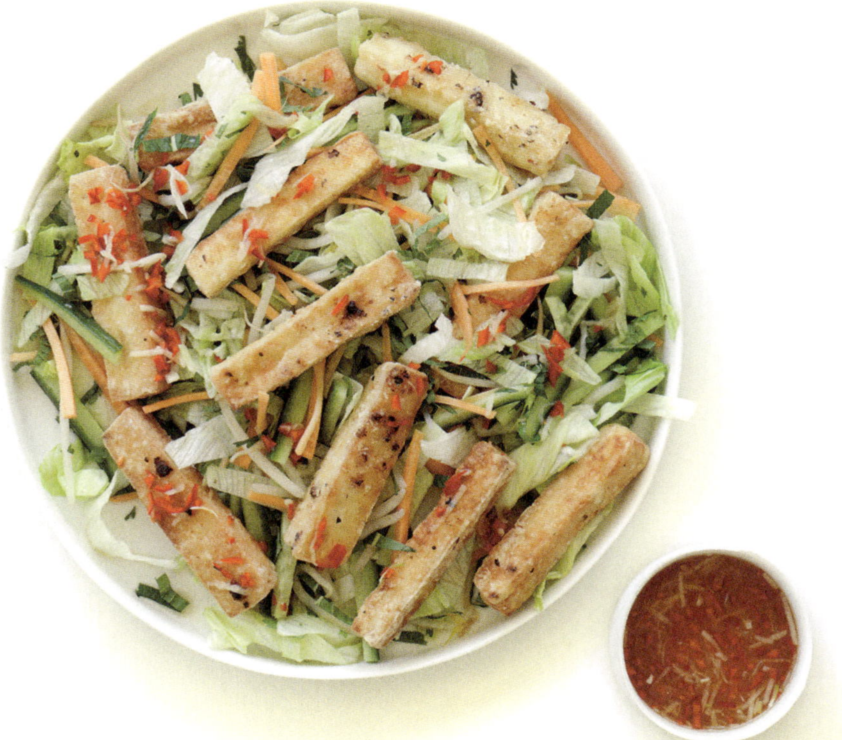

Pfeffer, Maismehl und Salz in einem tiefen Teller mischen.
Das Öl in einer Pfanne erhitzen. Den Tofu in der Mehlmischung wenden
und bei schwacher Hitze von jeder Seite 5 Minuten knusprig braten.
Für den Dip alle Zutaten verrühren. Gurke, Sprossen, Salat, Möhre
und Kräuter in einer Schüssel mischen. Den gebratenen Tofu
darauf anrichten und mit dem Dip servieren.

GERSTENRISOTTO

Für 4 Personen – Zubereitung: 80 Minuten

ZUTATEN

1 Sellerieknolle, geschält und in kleine Stücke geschnitten
2 Zweige Thymian • 3 EL Olivenöl • 1 große Zwiebel, fein gewürfelt
1 Apfel, geschält, entkernt und gewürfelt
2 Lorbeerblätter • 175 g grüne Linsen • 175 g Gerste • 100 ml Weißwein
1 Eigelb (Größe M) • 1 TL körniger Senf
4 EL frisch geriebener Parmesan • 2 EL Joghurt
2 EL geschmolzene Butter • 1 Handvoll Petersilie, grob gehackt

Den Backofen auf 220 °C vorheizen, ein Backblech mit Backpapier belegen. Die Selleriestücke darauf verteilen, mit Thymian bestreuen und mit 1 EL Olivenöl beträufeln. Im Ofen 40 Minuten garen. Die Zwiebel im restlichen Öl 2 Minuten anbraten. Den Apfel zufügen und 1 Minute mitbraten. Lorbeerblätter, Linsen, Gerste und Wein zugeben und den Risotto mit Wasser bedecken. Aufkochen und 25 Minuten köcheln lassen. Eigelb, Senf, Parmesan und Joghurt verrühren. Die Senfcreme mit dem gegarten Sellerie und der geschmolzenen Butter unter den Risotto rühren. Den Risotto mit Petersilie bestreut servieren.

GEFÜLLTE PAPRIKASCHOTEN

Für 4 Personen – Zubereitung: 1 Stunde

ZUTATEN

2 rote Paprikaschoten, halbiert und entkernt • 100 g Puy-Linsen, gegart
1 Knoblauchzehe, in feine Scheiben geschnitten
2 Sardellenfilets in Öl, gehackt • 50 g Feta, zerbröselt
2 mittelgroße Tomaten, entkernt und gewürfelt • Salz und Pfeffer
1 Handvoll Basilikumblätter • 2 EL natives Olivenöl extra

Den Backofen auf 200 °C vorheizen. Die Paprikahälften jeweils mit
2 EL Linsen füllen. Dann Knoblauch, Sardellen, Feta und Tomatenwürfel
gleichmäßig darin verteilen. Die Schoten mit Salz und Pfeffer würzen,
mit Alufolie abdecken und im Ofen 25 Minuten garen. Danach die Folie
abnehmen und die Paprika offen noch 15 Minuten weitergaren.
Basilikum und Olivenöl im Mixer 1 Minute verrühren. Die Paprikaschoten
mit dem Basilikumöl beträufeln und servieren.

GELBES DAL

Für 4 Personen – Zubereitung: 45 Minuten

ZUTATEN

2 TL Senfkörner • 1 EL Olivenöl

1 TL Chiliflocken • 1 Msp. Bockshornkleesamen • 8 Kurkumablätter

1 kleine rote Zwiebel, fein gewürfelt • 2 Knoblauchzehen, zerdrückt

1 Stück Ingwer (5 cm), geschält und gerieben

1 Tomate, gewürfelt • 300 g junger Blattspinat

1 Handvoll Koriandergrün, gehackt

DAL: 200 g gelbe Spalterbsen • ½ TL Kurkuma

1 Stück Ingwer (5 cm), geschält und gerieben • Salz und Pfeffer

Für das Dal die Spalterbsen mit Kurkuma, Ingwer und 500 ml Wasser
in einem Topf aufkochen. Die Erbsen 25 Minuten köcheln lassen,
dann mit Salz und Pfeffer würzen. Die Senfkörner im heißen Öl anbraten,
bis sie aufplatzen. Chiliflocken, Bockshornklee und Kurkumablätter zufügen
und 20 Sekunden mitbraten. Zwiebel, Knoblauch und Ingwer zugeben
und 1 Minuten mitbraten. Tomate und Spinat zufügen und 2 Minuten
erhitzen. Das Gemüse unter die Erbsen rühren und das Dal mit
Koriandergrün bestreut servieren.

BUNTE GEMÜSESPIESSE

Für 2 Personen – Zubereitung: 80 Minuten, plus 30 Minuten Einweichen

ZUTATEN

1 Zucchini, in Stücke geschnitten • 1 Aubergine, in Stücke geschnitten
1 rote Paprikaschote, in Stücke geschnitten • 1 rote Zwiebel, geviertelt
8 Kirschtomaten • Olivenöl zum Beträufeln • Salz und Pfeffer • 100 g Bulgur
100 g Quinoa • 50 g Pinienkerne, geröstet • 1 Handvoll Petersilie, grob gehackt

———————

PESTO: 50 g Mandeln, blanchiert und geröstet • 3 Knoblauchzehen
125 ml natives Olivenöl extra • 125 g Erdnussöl • 70 g Minzeblätter
30 g Petersilienblätter • 2 TL Honig • Saft von ½ Zitrone

———————

AUSSERDEM: 8 Holzspieße

Die Holzspieße mindestens 30 Minuten in kaltem Wasser einweichen. Den Bulgur mit 100 ml kochendem Wasser übergießen und 20 Minuten quellen lassen. Die Quinoa mit 200 ml Wasser in einem Topf aufkochen und zugedeckt 15 Minuten garen, dann abgießen. Inzwischen die Gemüsestücke abwechselnd auf die Spieße stecken, mit etwas Olivenöl beträufeln, salzen und pfeffern. Die Spieße dann 15 Minuten auf dem vorgeheizten Grill oder Holzkohlegrill rundum grillen. Bulgur, Quinoa, Pinienkerne, Petersilie, Salz und Pfeffer mischen und mit etwas Olivenöl beträufeln. Für das Pesto alle Zutaten im Mixer 1 Minute zerkleinern. Die Spieße auf der Bulgurmischung anrichten und mit dem Pesto servieren.

DESSERTS

*Süße Köstlichkeiten mit wertvollen Proteinen,
aber ohne schlechtes Gewissen genießen?
Wie das geht, zeigen die Rezepte in
diesem Kapitel. Lassen Sie sich also ruhig
von Trüffeln, Eis und Brownies verführen.*

Schoko-Kichererbsen-Kuchen • Power-Trüffel
Scones • Quinoa-Brei mit Früchten
Fitness-Muffins • Waffeln • Blauer Protein-Smoothie
Arme Ritter mit Tofu • Leichtes Schokoladeneis
Mandelplätzchen • Saftige Brownies

SCHOKO-KICHERERBSEN-KUCHEN

Ergibt 8–10 Stücke – Zubereitung: 70 Minuten

ZUTATEN

200 g dunkle Schokolade (70 % Kakaoanteil), in Stücke gebrochen
150 g Puderzucker, gesiebt • 150 g weiche Butter
400 g Kichererbsen (aus der Dose), abgespült und abgetropft
3 Eier (Größe M), getrennt
gehackte Pistazienkerne und Kakaopulver zum Bestreuen

———————

AUSSERDEM: Springform (22 oder 24 cm Ø)

Den Backofen auf 190 °C vorheizen, die Springform mit Backpapier auslegen. Die Schokolade in einer Metallschüssel über einem heißen Wasserbad schmelzen lassen. Dabei gelegentlich umrühren. Dann abkühlen lassen. Puderzucker, Butter und Kichererbsen zu einem cremigen Teig verrühren. Die Eigelbe einrühren und die flüssige Schokolade unterziehen. Die Eiweiße steif schlagen und unterheben. Den Teig in die Form füllen und im Ofen 35 Minuten backen. Abkühlen lassen, dann aus der Form lösen. Zum Servieren mit Pistazien und Kakaopulver bestreuen.

POWER-TRÜFFEL

Ergibt ca. 12 Stück – Zubereitung: 1 ¼ Stunden, plus 5 Stunden Einweichen und Ruhen

ZUTATEN

115 g getrocknete Azukibohnen • 75 g Pekannüsse
6 Medjoul-Datteln • 1 Msp. Kakaopulver
1 TL Ahornsirup • 1 Msp. Vanillemark • 1 Msp. Salz
140 g Cashewkerne, mit 1 TL Salz fein gehackt

PROTEINE
3,4 g
PRO PORTION

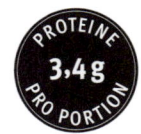

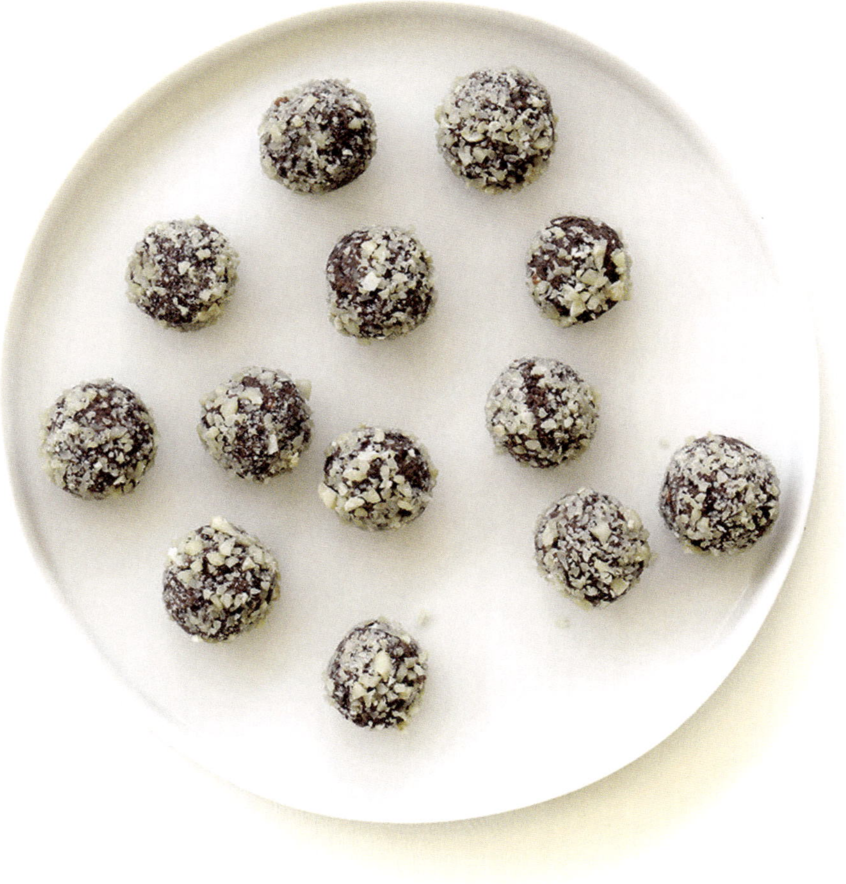

Die Bohnen 4 Stunden in Wasser einweichen. Danach in ein Sieb abgießen und abspülen. Die Bohnen mit frischem Wasser aufkochen und 1 Stunde köcheln lassen. Abgießen und abkühlen lassen. Bohnen, Pekannüsse, Datteln, Kakao, Ahornsirup, Vanillemark und Salz im Mixer glatt pürieren. Ist die Masse zu trocken, noch etwas Wasser untermixen. Von der Masse jeweils 1 EL abnehmen und zu Kugeln formen. Die Trüffel in den Cashewkernen wälzen und vor dem Servieren 1 Stunde ruhen lassen.

SCONES

Ergibt 12 Stück – Zubereitung: 30 Minuten

ZUTATEN

130 g Mehl, plus mehr zum Arbeiten • 130 g Quinoa-Mehl
40 g Puderzucker • 1 TL Salz • 1 ½ TL Backpulver
½ TL Natron • 115 g weiche Butter, gewürfelt
2 TL abgeriebene Bio-Orangenschale • 50 g Datteln, gewürfelt
120 g Buttermilch, plus mehr zum Bestreichen

AUSSERDEM: runde Ausstechform (5 cm Ø)

PROTEINE 1,7 g PRO PORTION

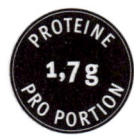

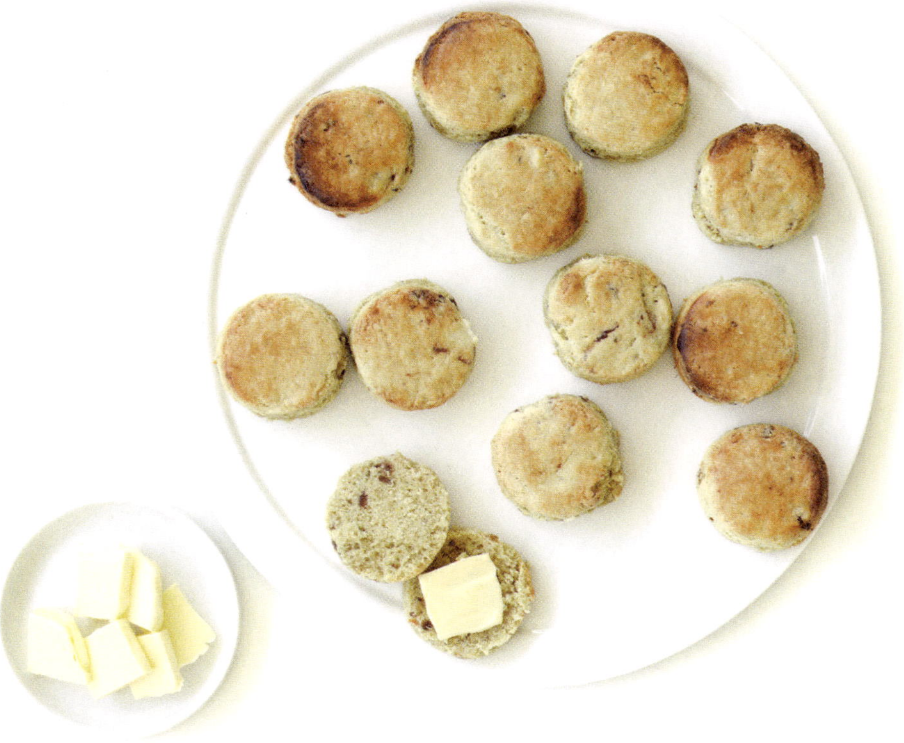

Den Backofen auf 220 °C vorheizen, ein Backblech mit Backpapier belegen. Beide Mehlsorten, Puderzucker, Salz, Backpulver und Natron in eine Schüssel sieben. Mit der Butter zu einer fein-bröseligen Masse verreiben. Orangenschale und Datteln untermischen. Die Buttermilch zugießen und alles rasch zu einem weichen Teig verkneten.
Den Teig auf der dünn bemehlten Arbeitsfläche etwa 2 cm dick ausrollen. Mit der Ausstechform 12 Kreise ausstechen und auf das Backblech legen. Die Scones mit Buttermilch bestreichen und im Ofen 12 Minuten goldbraun backen. Auf einem Kuchengitter abkühlen lassen.

QUINOA-BREI MIT FRÜCHTEN

Für 4 Personen – Zubereitung: 25 Minuten

ZUTATEN

240 ml Mandelmilch • 190 g rote oder weiße Quinoa
140 g Maulbeeren oder Brombeeren • 140 g Heidelbeeren
½ TL gemahlener Zimt • 4 TL flüssiger Honig
40 g Pekannüsse, geröstet und grob gehackt

Die Quinoa mit der Mandelmilch und 240 ml Wasser aufkochen.
Die Quinoa 15 Minuten köcheln lassen, bis sie die Flüssigkeit vollständig
aufgesogen hat. Vom Herd nehmen und die Quinoa noch 5 Minuten quellen
lassen. Beeren, Zimt und Honig unterheben. Den Brei mit den
Pekannüssen bestreut servieren.

FITNESS-MUFFINS

Ergibt 10 Stück – Zubereitung: 50 Minuten

ZUTATEN

150 g Butter • 2–3 große Äpfel, entkernt und mit Schale gewürfelt
1 TL gemahlener Zimt • ½ TL gemahlener Ingwer
½ TL geriebene Muskatnuss • 110 g Rohzucker • 1 Ei (Größe M)
1 Msp. Vanillemark • 1 Prise Salz • 1 TL Backpulver
185 g Quinoa, gegart und abgekühlt • 160 g Mehl • 60 ml Milch
40 g Walnusskerne, grob gehackt

AUSSERDEM: Muffinform mit 12 Mulden • Butter für die Form

Den Backofen auf 190 °C vorheizen, 10 Mulden der Muffinform einfetten.
In einer Pfanne 2 EL Butter erhitzen. Äpfel, Zimt, Ingwer und Muskat
zugeben und rühren, bis die Äpfel rundum mit den Gewürzen überzogen sind.
Die Äpfel dann weich dünsten. Die restliche Butter mit dem Zucker cremig
rühren. Das Ei zugeben und schaumig schlagen. Vanille, Salz und Backpulver
einrühren. Quinoa, Mehl, Milch und Äpfel unterrühren. Den Teig in die
gefetteten Formmulden füllen und mit den Walnüssen bestreuen. Im Ofen
25 Minuten backen. Die Muffins 5 Minuten in der Form ruhen lassen.
Dann herauslösen und auf einem Kuchengitter abkühlen lassen.

WAFFELN

Für 4 Personen – Zubereitung: 35 Minuten

ZUTATEN

175 g Weizenvollkornmehl • 140 g Roggenmehl
2 EL Rohrzucker • 1 TL Salz • 1 EL Backpulver • 430 ml Sojamilch
Mark von 2 Vanilleschoten • 2 Eier (Größe M), leicht verquirlt
4 EL geschmolzene Butter • abgeriebene Schale von ½ Bio-Orange
50 g Pekannüsse, grob gehackt, plus mehr zum Bestreuen
100 g Joghurt • 100 g Erdbeeren, geviertelt

—————

AUSSERDEM: Waffeleisen

Beide Mehlsorten, Zucker, Salz und Backpulver in einer Schüssel mischen. Sojamilch, Vanille, Eier und Butter zugeben und sorgfältig unterrühren. Orangenschale und Pekannüsse einrühren.
Das Waffeleisen erhitzen. Jeweils 120 ml Teig hineingeben und nach Zeitangabe des Herstellers knusprig backen. Die Waffeln mit einem Klecks Joghurt, Erdbeeren und Pekannüssen servieren.

BLAUER PROTEIN-SMOOTHIE

Für 1 Person – Zubereitung: 5 Minuten

ZUTATEN

75 g Heidelbeeren • 1 kleine Handvoll Minzeblätter
150 ml ungesüßte Mandelmilch • 60 g Seidentofu
½ TL flüssiger Honig

Alle Zutaten in den Mixer geben und 1 Minute cremig pürieren.
Den Smoothie nach Geschmack mit Honig süßen.

ARME RITTER MIT TOFU

Für 2 Personen – Zubereitung: 25 Minuten

ZUTATEN

115 g Seidentofu • 30 ml Sojamilch • ½ Msp. Vanillemark
½ TL gemahlener Zimt • 4 Scheiben Brioche oder Weißbrot
1 Banane, schräg in Scheiben geschnitten • 2 EL Butter
Puderzucker zum Bestreuen • Ahornsirup zum Servieren

Tofu, Sojamilch, Vanille, Zimt und 30 ml Wasser im Mixer 1 Minute
cremig verquirlen. Den Sojamix in einen tiefen Teller gießen.
Dann 2 Briochescheiben mit den Bananenscheiben belegen und mit den
restlichen Briochescheiben abdecken. Ein Sandwich in den Sojamix legen
und 30 Sekunden quellen lassen. Wenden und die zweite Seite ebenfalls
kurz quellen lassen. Mit dem zweiten Sandwich ebenso verfahren.
Die Butter in einer Pfanne erhitzen und die Sandwiches darin nacheinander
von jeder Seite 4 Minuten braten. Die Armen Ritter quer halbieren,
mit Puderzucker bestreuen und mit Ahornsirup servieren.

LEICHTES SCHOKOLADENEIS

Für 4 Personen – Zubereitung: 70 Minuten, plus 1 Stunde Kühlen

ZUTATEN

490 ml Sojamilch • 35 g Kakaopulver • 60 g dunkle Schokolade (mindestens
70 % Kakaoanteil), in Stücken • 4 Eigelb (Größe L) • 180 g Puderzucker • Mark von
1 Vanilleschote • 50 g Ingwer in Sirup (aus dem Glas), fein gewürfelt, plus 1 EL Einlegesirup

AUSSERDEM: Zucker- oder Küchenthermometer • Eismaschine

Sojamilch und Kakao in einem Topf bei schwacher Hitze bis zum Siedepunkt erhitzen. Vom Herd nehmen, die Schokolade zugeben und unter Rühren darin schmelzen lassen. Eigelbe und Puderzucker schaumig schlagen. Die heiße Schokomilch unter Rühren zugießen. Vanille, Ingwer und Sirup unterrühren. Die Mischung in einem Topf bei mittlerer Hitze auf 79 °C erhitzen und 25 Sekunden auf dieser Temperatur halten. Dann durch ein Sieb gießen, abkühlen lassen und 1 Stunde kühlen. Die Schokomasse danach in die Eismaschine füllen und in 30–40 Minuten cremig fest frieren lassen.

MANDELPLÄTZCHEN

Ergibt 15 Stück – Zubereitung: 20 Minuten

ZUTATEN

140 g Mehl • 1 TL gemahlener Kardamom
½ TL Salz • 1 Msp. Backpulver
2 Eier (Größe L) • 135 g Zucker
75 g gemahlene Mandeln • 15 ganze Mandeln

PROTEINE
2,7 g
PRO PORTION

Den Backofen auf 180 °C vorheizen, ein Backblech mit Backpapier
belegen. Mehl, Kardamom, Salz und Backpulver in eine Schüssel sieben.
Eier und Zucker schaumig rühren. Die Mehlmischung und die gemahlenen
Mandeln zugeben und alles rasch zu einem glatten Teig verkneten.
Aus dem Teig 15 Kugeln formen und auf das Blech legen. Etwas flach
drücken und jeweils 1 Mandel in die Mitte drücken. Die Plätzchen im Ofen
12 Minuten backen, dann auf einem Kuchengitter abkühlen lassen.

SAFTIGE BROWNIES

Ergibt 12–16 Stück – Zubereitung: 35 Minuten

ZUTATEN

400 g Azukibohnen (aus der Dose), abgetropft
85 g Rohrzucker • 30 g Kakaopulver • 7 EL Pflanzenöl • ¼ TL Salz
2 Eier (Größe M) • 8 Stücke dunkle Schokolade, fein gehackt
50 g ganze Walnusskerne, geviertelt

———————

AUSSERDEM: quadratische Backform (20 x 20 cm)

PROTEINE 2,9 g PRO PORTION

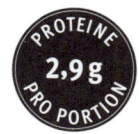

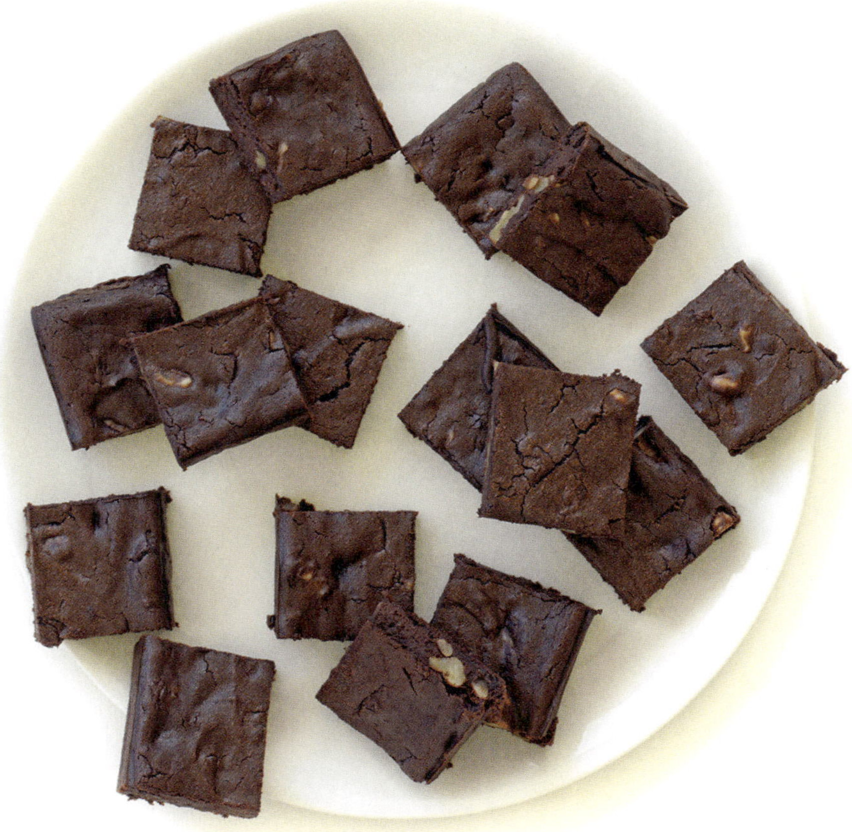

Den Backofen auf 180 °C vorheizen, die Backform mit Backpapier auslegen. Bohnen, Zucker, Kakao, Öl, Salz und Eier im Mixer 1 Minute zu einem glatten Teig verquirlen. Schokolade und Walnüsse unterheben. Den Teig in die Form füllen und im Ofen 20–25 Minuten backen. Die Brownies auf einem Kuchengitter lauwarm abkühlen lassen, dann in Stücke schneiden.

GLOSSAR

Aminosäuren – Organische Verbindungen, aus denen Proteine zusammengesetzt sind.

Antioxidantien – Natürliche oder synthetische Stoffe, die bestimmten Formen der Zellalterung entgegenwirken oder vorbeugen können. Sie sind in zahlreichen Lebensmitteln enthalten, vor allem aber in Obst und Gemüse.

Enzyme – Komplexe Proteine, die im menschlichen Körper bestimmte chemische Reaktionen auslösen.

Essenzielle Aminosäuren – Aminosäuren, die der Körper nicht selbst herstellen kann. Deshalb müssen sie ihm über die Nahrung zugeführt werden. Die neun essenziellen Aminosäuren sind: Histidin, Isoleucin, Leucin, Lysin, Methionin, Phenylanin, Threonin, Tryptophan und Valin.

Glykämischer Index (GI) – Maßeinheit für die Veränderung des Blutzuckerspiegels im Körper, die sich durch den Kohlenhydratgehalt eines Lebensmittels ergibt. Lebensmittel mit einem hohen GI verursachen einen stärkeren Anstieg des Blutzuckerspiegels als Lebensmittel mit mittlerem oder niedrigem GI. Fleisch und Fette haben keinen glykämischen Index, da sie keine Kohlenhydrate enthalten.

Nicht-essenzielle Aminosäuren – Diese Aminosäuren produziert der menschliche Körper selbst. Zu ihnen gehören beispielsweise Alanin, Asparagin, Asparaginsäure und Glutaminsäure.

Pflanzliche Proteine – Diese Proteine sind beispielsweise in Vollkorngetreide, Hülsenfrüchten, Sojaprodukten, Nüssen und Ölsaaten enthalten.

Sekundäre Pflanzenstoffe (Phytochemikalien) – Pflanzliche Wirkstoffe, die mit der Nahrung aufgenommen werden und die unter anderem die Entstehung von Krebszellen hemmen können.

Proteine – Die Grundbausteine des Lebens, die in jeder Zelle des Körpers enthalten sind. Sie bestehen aus langen Ketten von Aminosäuren.

Tierische Proteine – Proteine tierischen Ursprungs, beispielsweise aus Fleisch, Fisch, Eiern und Milchprodukten.

REGISTER

Für die englische Ausgabe
Autor Fern Green
Projektleitung Catie Ziller
Projektbetreuung Kathy Steer
Gestaltung und Satz Michelle Tilly
Fotos Deirdre Rooney

Für die französische Ausgabe
Übersetzung Catherine Bricout
Lektorat Marion Dellapina
Herstellung Gérard Lamarche

Für die deutsche Ausgabe
Programmleitung Monika Schlitzer
Redaktionsleitung Caren Hummel
Projektbetreuung Sarah Weiß
Herstellungsleitung Dorothee Whittaker
Herstellungskoordination Arnika Marx
Herstellung Claudia Bürgers

Titel der französischen Originalausgabe:
Protéines Vertes – La Bible

© Hachette Livre (Marabout), Paris, 2015
Alle Rechte vorbehalten. The moral right
of the author has been asserted.

Übersetzung Wiebke Krabbe
Lektorat Petra Teetz

ISBN 978-3-8310-2942-6

Druck und Bindung Toppan Leefung, China

Besuchen Sie uns im Internet
www.dorlingkindersley.de

Hinweis
Die Informationen und Ratschläge in diesem
Buch sind von der Autorin und vom Verlag
sorgfältig erwogen und geprüft, dennoch kann
eine Garantie nicht übernommen werden.
Eine Haftung der Autoren bzw. des Verlags und
seiner Beauftragten für Personen-, Sach- und
Vermögensschäden ist ausgeschlossen.